Leopold von Sacher-Masoch

Judengeschichten

Leopold von Sacher-Masoch

Judengeschichten

ISBN/EAN: 9783743673502

Hergestellt in Europa, USA, Kanada, Australien, Japan

Cover: Foto ©ninafisch / pixelio.de

Weitere Bücher finden Sie auf **www.hansebooks.com**

Judengeschichten

von

Sacher-Masoch.

"Zerstampft, getreten wurden sie wie Sand,
Und blieben standhaft wie der Bau der Erde."
Longfellow.

Leipzig.
Verlag von Johann Friedrich Hartknoch.
1878.

Inhalt.

		Seite
1.	Abe Nahum Waßerkrug	1
2.	Moses Goldfarb und sein Haus	27
3.	Pintschew und Mintschew	49

Abe Nahum Waßerkrug.

Es war am 25. November 1830, als Bauern, die vom Jahrmarkte in Tarnow heimkehrten und unterwegens in jeder Judenschenke dem Branntwein tüchtig zugesprochen hatten, nach Brzostek die Schreckensnachricht brachten, daß ihnen die Pestjungfrau erschienen sei. Sie war jenseits der Wisloka zu sehen, mit ihrem Flammenhaupte die schwarzen Wälder überragend, und ihren Alles zermalmenden Schritten folgten, dem Volksglauben gemäß, Krieg, Hungersnoth und Seuchen. Das polnische Dörfchen gerieth mitten in der Nacht in beispiellose Aufregung.

Im Edelhofe standen die Dienstleute barfuß im Schnee und blickten nach Westen, wo in der That eine starke Röthe an dem düsteren Himmel zu bemerken war. Vergebens erschien der Gutsherr in seinem türkischen Schlafrocke, um sie zu beruhigen.

„Es ist der Mond, der aufgeht oder vielleicht ein Meteor," sagte er, mit dem Lächeln des Rationalisten.

„Es soll sein, was Ihnen beliebt", erwiderte der alte Kutscher, der noch unter Kosczinsko mitgefochten hatte, „aber Sie werden sehen, Herr Wohlthäter, es bringt uns den Krieg."

Vergebens bemühte sich der Gutsherr, seine junge Frau zu belehren, welche rasch in eine pelzgefütterte Kazabaika geschlüpft war und jetzt zitternd an seinem Arme hing. „Ich bin nicht abergläubisch", sagte sie, „aber mein Vater hat mir von ähnlichen Himmels= zeichen erzählt, die den Kriegen von 1809 und 1812 vorangingen, es wird Blut fließen, mein Theurer, und nach Allem, was man in der Zeitung liest, werden wir drüben im Königreiche eine Revolution haben."

Mehr als Alle ängstigte sich aber der Pächter der Kartschma (Schenke) in Brzostek, Abe Nahum Waßer= krug, dessen kühne paläſtiniſche Phantaſie ſtets ein Dutzend Stöcke ſah, wenn einer seinen von Mühen und Sorgen vor der Zeit gekrümmten Rücken bedrohte, und der einmal vor einem gestreiften Kater sich auf einen Zaun geflüchtet hatte, weil er ihm in seinem schnellen Laufe ganz wie ein Tiger erschienen war. Seine Angst äußerte sich auf eine ganz eigenthümliche Weise. Er murmelte immer wieder die Worte: „Krieg wird kommen, Hunger wird kommen, Pest wird kommen," und ging dabei immer wieder von einer Lagerstatt zur anderen und zählte seine sieben Kinder, und wenn er mit dem Zählen fertig war, fing er von vorne an.

Plötzlich schrie seine Frau, die oben auf ihren Federbetten wie auf einem neuen Thurm von Babel saß: „Mann, was thust Du? Ich glaube, Du thust zählen die Kinder, willst Du, daß Dir sterben die Kinder, daß Du thust sie zählen?"

Abe Nahum Wasserkrug erbleichte, wischte sich die Stirne und murmelte: „Es hat mir verwirrt den Geist, ich habe gezählt die Kinder."

Eine Woche verging oder etwas mehr, da trat der alte Sentschuk, der die Briefe und Zeitungen von der Post in Pilsno zu holen hatte, eines Abends, verstört bis in seinen weißen Schnurrbart hinein, in das Speise=

zimmer, in welchem die Herrschaft eben Domino spielte, und sprach: „Herr! es war doch die Pestjungfrau, in Warschau ist am 29sten die Revolution ausgebrochen!" und der Gutsherr in seinem türkischen Schlafrock und seine junge Frau in ihrer pelzgefütterten Kazabaika saßen stumm und bleich da, und die Leute steckten die Köpfe zusammen und die Bauern seufzten und tranken seufzend ihren Branntwein in der Kartschma, und mehr als Alle erbleichte und seufzte Abe Nahum Waßerkrug. Und diesmal behielt er seinen Verstand beisammen und zählte seine Kinder nicht, aber auch nie in seinem Leben hatte er den Schluß des Schemona Eßreh so andächtig gebetet wie damals: „Gelobt seist Du Gott, der sein Volk Israel mit dem Frieden segnet!"

Der Revolution folgte der Krieg, dem Kriege die Cholera. Die erstere rief in Galizien eine ungeheuere Aufregung hervor. Viele Waffenfähige eilten den Brüdern jenseits der Weichsel zu Hilfe, die anderen sammelten Geld für sie, die Frauen zupften Charpie und beteten. Vom Kriege blieb das Land verschont, aber die Pestjungfrau achtete die Grenzen nicht. Die

Cholera kam, langsam aber furchtbar wie niemals wieder, und forderte Tausende und wieder Tausende von Opfern. Es half keine Arznei und es half kein Gebet. Hätte eine Arznei geholfen, so wäre die Kartschma von Brzostek verschont geblieben, denn sie glich keiner Branntweinschenke mehr, sondern einer Apotheke, und hätte ein Gebet geholfen, so wäre Abe Nahum Waßerkrug erhört worden, der vom Morgen bis Abend das Gesicht der Wand zugekehrt stand und laut zu Gott schrie wie ein Chassid.

Aber der Unglückliche hatte seine Kinder gezählt und der Würgengel raffte ihm in einer Nacht sechs von siebenen hin. Es half keine Arznei und es half kein Gebet. Es half auch nicht, daß Abe Nahum strenge das Gesetz erfüllte. Daß sofort als sein ältester Sohn starb alles Wasser im Hause ausgeschüttet wurde, damit der Würgengel sein blutiges Schwert nicht in demselben waschen könne, daß der Todte nur eine Viertelstunde auf dem Bette blieb und dann auf den Fußboden an die Fensterwand*) gelegt und mit

---

*) Die Eltern werden in die Mitte des Zimmers gelegt.

einem Leintuch bedeckt wurde, daß die geballten Hände desselben das Schadai bildeten, daß der Spiegel von der Wand genommen wurde; es starb Eines nach dem Anderen, und es war ein schlechter Trost für den armen Abe Nahum Wasserkrug, daß auch seine Frau starb, obwohl er sie an jenem Unglückstage nicht mitgezählt hatte. Er trauerte sieben Tage ohne das Haus zu verlassen, und trauerte dreißig Tage, an denen er das Kadisch für die Dahingeschiedenen sprach, und als die Pestjungfrau indeß vorüber gezogen war, sie zog mit der Sonne, den großen Städten des Westens zu, sah er sich allein mit einem halbjährigen Knaben, der den Namen Jossel empfangen hatte.

Seine Lage war mindestens ebenso ergötzlich als traurig. Ein Mann, ein Schenkwirth, und ein Kind im Deckchen. Und nun hatte sich die Liebe des Vaters und Gatten, diese große, auf ein Weib und sieben Kinder gerecht vertheilte Liebe, auf dieses eine kleine Haupt gerichtet und vereinigt, und die Angst es zu verlieren, war in ihm so übermenschlich, daß er es keinen fremden Händen anvertrauen wollte. Bei ihm lag das

Kind Nachts, er machte es trocken, er nährte es mit Milch und Wasser, er schläferte es ein, und wenn es nicht schlief, trug er es auf dem Arme, nöthigenfalls den ganzen Tag. Und so kam es, daß Abe Nahum Waßerkrug seine Geschäfte abmachte, während sein Fuß die Wiege in Bewegung setzte, daß er Branntwein ausschenkte, während das Kind auf seinem Arme an seinem langen Barte oder seinen fetten Schmachtlöckchen herum strich. Und so wuchs der Knabe auf zwischen den trinkenden Bauern, in dem Sande, der die Diele der Schenke bedeckte, spielte er, und hier lehrte ihn sein Vater gehen, hier machte er seine ersten taumelnden Schritte, hier begann er zu laufen, zu sprechen und „Tate" war das erste Wort das er sprach, es ersetzte ihm Mutter und Bruder und Schwester.

Und eines Tages war der kleine Joffel ein Cheberjüngel*) und Abe Nahum Waßerkrug dachte ernstlich daran, daß er „lernen" müsse, und es lag auf seiner guten ängstlichen Seele wie ein glühender Stein, daß

---

*) Jüdischer Schulknabe.

es in Brzostek kein Cheder*), keine Talmudthore**) gab. Jossel aus dem Hause senden? — nein — das war nicht möglich, und doch mußte er fort, nach Tarnow, wo die Schule war. Wie suchte das zärtliche Vaterherz ängstlich Tag und Nacht nach einem Ausweg und es fand ihn in der That. Da Jossel aus dem Hause mußte, um zu lernen, so ging das Haus einfach mit ihm.

Abe Nahum gab seinen Pacht in Brzostek auf und ging nach Tarnow, wo er eine Art Hausbesitzer und Kaufmann wurde. Es war ein Haus, das gehörte 32 Familien. Man sollte glauben, das müßte ein Haus sein, wie der Palast der Semiramis oder doch mindestens wie der Vatikan — nichts von alledem. — Es war eine Holzbaracke von zwei Stockwerken mit vier Fenstern Front, aber es gab kein Zimmer in derselben, das einer Familie ganz gehört hätte, alle waren durch hölzerne Wände abgetheilt, und die reicheren besaßen $1/2$, die ärmeren $1/4$, die ärmsten $1/8$ Zimmer. Abe

---

*) Schule.
**) Talmudschule für arme Kinder.

Nahum kaufte ½ Zimmer ebener Erde und eröffnete in demselben ein kleines Geschäft in Roßhaaren, Schweineborsten, und Hasenbälgen. Doch verschmähte er auch Katzenfelle nicht und manche kleine Edelfrau ging stolz in einer königlichen Kazabaika umher, zu der er den Hermelin geliefert hatte. Er hatte Jossel ein großes Opfer gebracht. In Brzostek war er eine große Person, das Factotum des Gutsherrn und das Orakel der Bauern, in Brzostek war er ein wohlhabender Mann, hier, in der Kreisstadt, war er ein armer Jude, nichts weiter, aber sein Jossel lernte und das genügte ihm. Wenn man ihn verächtlich ansah oder mitleidig, dachte er: Wartet nur, bis mein Jossel Reb, ein Ilau*), ein Rabbi wird, dann werdet Ihr mich auch ganz anders ansehen. Sein einziges Vergnügen war nur im Bethause, war nach dem Gottesdienste, wenn die Talmudschüler unter sich über talmudische Themata disputirten, ihnen von ferne zuzuhören. — Mein Jossel wird auch bald unter ihnen sein: murmelte er dann vor sich hin. Den Tag über sann und handelte er

---

*) Ein besonders genialer Talmudist.

unermüdlich, um sein Geschäft zu vergrößern, oft brachte er noch die halben Nächte mit Speculationen zu, die sich um Dinge drehten, die ein Pole mit dem Fuße von sich weggestoßen hätte, aber der kleine hagere Mann mit dem krummen Rücken, dem eingefallenen Pergamentgesicht und den blinzelnden Augen war im Grunde ein Philosoph, und seine Philosophie glich jener Schopenhauers auf ein Haar.

Er hielt sich an den Tractat Nedorim, in welchem aus den Namen dreier Söhne Israels; Mischnah, Democh und Maffa, die weise Lehre gezogen wird, daß man hören, schweigen und dulden soll.

Aber nicht allzulange sollte er in seiner Verborgenheit und Niedrigkeit bleiben. Eine Eigenschaft, von der er sich gewiß am wenigsten einen Umschwung versprochen hatte, machte ihn nach und nach unter den Juden von Tarnow beliebt und in gewissem Sinne berühmt, und trug viel dazu bei, daß ihm große und reiche Leute ihre Gunst schenkten, daß sich sein Geschäft vergrößerte und er endlich sogar glücklicher Besitzer eines wirklichen ganzen Zimmers wurde.

Abe Nahum Waßerkrug war der größte Feigling unter allen Tarnower Juden und das will viel sagen, denn keiner von ihnen war ein Held. Wie es nun aber in der menschlichen Natur liegt, daß große Geister zu allen Zeiten angefeindet und verfolgt, große Dummköpfe aber mit Zärtlichkeiten überhäuft wurden, so gab es keinen Hebräer in Tarnow, der sich nicht einen Makkabäer fühlte, wenn sein Auge auf Abe Nahum Waßerkrug fiel, und deshalb liebte ihn jeder wie einen Bruder.

Abe Nahum fürchtete sich nämlich nicht nur vor Wölfen, Bären oder Kanonen, vor denen sich die anderen Juden auch fürchteten, er war im Stande vor einem Sperling zu erschrecken und vor einer Clystierspritze die Flucht zu ergreifen, ja es gab eigentlich nichts in der Welt was er nicht gefürchtet hätte. Besonders fürchtete er aber das Waßer. Er vollzog zwar täglich die vorgeschriebenen Waschungen, aber nie ohne mehr als seine Fingerspitzen dabei einzutauchen. Dafür vergaß er aber gewiß nicht am Freitag sein Waschzeug auf den Begräbnißplatz zu tragen, „damit sich die Todten für den Sabbath reinigen können", daß er in seinem Hause kein scharfes Instrument duldete versteht sich von selbst. Gewissenhaft stellte er im Sommer stets eine große Schüssel Wasser vor seine Thüre. Er fürchtete sich entsetzlich vor wüthenden Hunden und machte in dem Bemühen jedem Hunde auszuweichen oft die lächerlichsten Umwege und war dies nicht möglich, stieg er auf einen Baum oder Zaun oder stellte sich mit dem Gesichte zur Mauer, oder warf sich, wenn kein rettender Gegenstand in der Nähe war, flach zur Erde nieder. Er war im Stande, wenn eine Maus aus ihrem Loche hervorkam auf den Tisch zu springen, und schreiend davonzulaufen, wenn ihm eine Kröte entgegen hüpfte. Einmal sah ihn Jossel sich scheu von der dampfenden Schüssel zurückziehen.

"Was hast Du, Tate?" fragte er; "weshalb willst Du nicht speisen?"

"Was soll ich speisen?" jammerte er, "wenn mir die Fliegen Alles wegessen, soll ich etwa mit ihnen raufen?"

"Aber, Tate, wer wird sich vor einer Fliege fürchten?"

„Wer wird sich vor einer Fliege fürchten? Ich fürchte mich nicht vor einer Fliege, aber es sind ihrer fünf da."

Jossel, sein Sohn, war dagegen zum tiefsten Schmerze des geängsteten Vaterherzens ebenso unerschrocken, wie Abe Nahum Waßerkrug furchtsam war. Er war ganz seiner Mutter nachgerathen, vor der Abe Nahum Waßerkrug sich noch mehr gefürchtet hatte wie vor einer Fliege, oder einer Kröte, oder dem Wasser, ja sogar viel mehr als vor einer Kanone.

Wie Abe Nahum Waßerkrug durch seine Furchtsamkeit, so wurde Jossel durch seine Keckheit und die lustigen Streiche, die er ausführte, der Liebling der Tarnower Juden. Erst ängstigte er sie und jeder von ihnen prophezeite irgend ein großes Unglück, nach und nach flößte er ihnen Respect ein und endlich sogar Begeisterung. Jossel zählte noch nicht fünfzehn Jahre, als bereits sämmtliche Tarnower Juden, die weißbärtigen Patriarchen nicht ausgeschlossen, in ihm ihren geborenen Beschützer sahen, bei jeder Gelegenheit seine Hilfe anriefen, und sich in Gefahren um ihn wie um ihren Simson schaarten. Dem Alten machte dies allerdings wenig Freude. Als Jossel, damals noch ein Chederjüngel, eines Tages einen großen Stock mitbrachte, mit demselben schulterte und präsentirte und ihn endlich sogar wie ein Gewehr in Anschlag brachte, schrie Abe Nahum:

„Gott steh' mir bei, will der Bucher schießen, thu weg Dein Mordgewehr!"

„Aber Tate", lachte Jossel, „wie soll ich schießen mit einem Stock?"

„Wenn Gott es zugiebt, geht auch der Stock los".

„Wie soll er los gehen, ist er doch nicht geladen."

„Die Wolke ist auch nicht geladen und geht doch los."

Auch bekümmerte es den Alten, daß der Bucher nicht lernen wollte. Er hatte nur Freude an Pferden. Kaufte ihm z. B. der Tate den Talmud, was thut der Junge, er zäumt den Talmud und reitet auf ihm.

„Wer wird reiten auf dem Talmud", belehrt ihn der Alte, „auch kannst Du herunter fallen und Dich anschlagen."

Der Bucher nimmt es sich zu Herzen und wie der Tate wieder nach Hause kommt, hat er sich selbst vor den Talmud gespannt und fährt mit ihm wie mit einem Wagen herum. Kommt der Postwagen an, ist Jossel der erste da, die Pferde auszuspannen und die neuen aus dem Stall zu führen; alle Postknechte vergöttern ihn, während ihn Reb Mauschel, der Lehrer in der Talmud=Thora, haßt wie einen Karaiten oder Meschumed.*) Zuletzt jagt er ihn sogar, zum Schmerze des Vaters, ganz aus der Schule. Und das kam so.

An einem heißen Sommernachmittag, während einer der Schüler laut vorliest, oder eigentlich eine Art näselnder Todtenklage singt, die einem rauschenden Bächlein gleich einschläfernd fort murmelt, schließt Reb Mauschel die Augen und nickt ein. Gleich ist Jossel bei der Hand, ihm mit einem verkohlten Kork ein paar ungeheuerer Brillen in das weiße Antlitz zu malen. Endlich hört der Schüler zu lesen auf und Reb Mauschel erwacht; alle kichern. Reb Mauschel

---

*) Abtrünniger.

gebietet Ruhe und nimmt einen andern vor, der liest und liest falsch. Schon hat ihn der Lehrer beim Schopf, aber der freche Bucher schreit: „Wie soll ich gut lesen, wenn ich doch hab' keine so große Brille wie Reb Mauschel."

„Was sagt der Riech?**) wo hab' ich eine Brille?"

„Auf der Nase!" schreit die ganze Schule, und sodann beginnen alle zu lachen. Zugleich schlägt die Stunde, wo die Lehre zu Ende geht. Reb Mauschel klappt sein Buch zu, hält eine furchtbare Anrede und geht. In der Straße sehen ihn die Leute so verwundert an. „Reb Mauschel muß an den Augen leiden", sagt Salomon Piutscher Divan, der Fleischer, „weil er auf einmal hat so eine große Brille."

Reb Mauschel hört es, und da zu seinen Füßen eine große Pfütze erglänzt, so blickt er hinein und entdeckt den Schabernack, hinter ihm aber steht die ganze Schule und kichert, und Reb Mauschel erwischt den

---

**) Garstiger Knabe.

Joffel und beutelt ihn, und Joffel darf nicht mehr in
die Lehre.

Da ist ein Kreiscommissär, ein echter Pole, der
den Staat bestiehlt und die Juden haßt, weil sie „alle
solche Betrüger sind." Seine Söhne, die das Gym=
nasium studiren, sind die Anführer jedesmal, wenn es
gilt die Juden zu prügeln oder mit Steinen zu be=
werfen, und kommt einer blutig in das Kreisamt, um
sich zu beklagen, darf der Kreiscommissär ihn noch auf
die Bank legen lassen. Es war damals das soge=
nannte patriarchalische Regiment.

Es kommt der Tag, wo die polnischen Juden das
Angedenken Esthers feiern und zwar mit einer Art
Carneval, in dessen Maskenzug Haman natürlich die
Hauptrolle spielt, eine Rolle, die einige Kühnheit er=
fordert, denn Haman, den die furchtsame jüdische
Phantasie zu einem Riesen vergrößert hat, muß auf
Stelzen wandeln, um seine Gestalt hoch über gewöhn=
liches Menschenmaß aufzubauschen. Wer sollte also
Haman vorstellen wenn nicht Joffel? Er thut es auch,
und gebraucht die Stelzen so sicher und mit so viel

Grazie, als ob es seine eigenen Füße wären und hat ein weites Gewand aus so und so viel Leintüchern an, das ihn sammt seinen Stelzen einhüllt, und eine Larve mit einer Nase, die eine halbe Elle lang ist und einen riesigen Hut auf. Freilich hat der Alte unbändig Angst und folgt ihm jammernd, aber er spielt seine Rolle unbekümmert fort bis in die Nacht und geht dann auch auf eigene Faust in den Straßen von Tarnow spazieren.

In der Finsterniß, deren Schrecken durch die paar elenden Laternen nur noch gesteigert werden, erscheint Jossel den wenigen Menschen, die ihm begegnen, als ein Gespenst von gräßlichen Dimensionen. Ein ungarischer Soldat, der Wache steht, präsentirt in seiner Todesangst vor ihm, der Nachtwächter wirft sich bebend in die Gosse, der Polizeisoldat läuft schreiend davon.

Plötzlich kommt der Wütherich, der Kreiscommissär des Weges daher. Haman donnert ihm ein Halt zu. Bleich, zähneklappernd, bebend stürzt er auf die Knie. „Lege Dich auf Dein Gesicht nieder", befiehlt das Ge=

spenst. Er gehorcht. Jossel steigt von seinen Stelzen herab, prügelt ihn furchtbar durch, und ruft dabei mit hohler Grabesstimme: „Wirst Du mir lassen meine armen Juden in Ruh, ich bin der Prophet Elias, hast Du mich verstanden?" Dann macht er sich aus dem Staube, und der Kreiscommissar, der fünf Tage zer= bläut im Bette zubringt, thut keinem Juden mehr etwas zu Leide.

Ein andermal zieht Jossel am Sabbath einen Menschen, einen armen jüdischen Schneider aus dem Wasser, und als Abe Nahum Waßerkrug ihm in sei= ner Todesangst ein Chilul haschem, eine Verletzung des göttlichen Gesetzes vorwirft, beweist er ihm aus der Schrift, daß er recht gehandelt und bezieht auf Jene, die aus Ueberfrömmigkeit es unterlassen am Sabbath Menschen aus der Gefahr zu retten, die Worte des Ezechiel: „Ich überließ sie Gesetzen, die nicht gut sind", und die Worte des Predigers: „Sei nicht überfromm und verlange nicht der Weiseste zu sein."

Und wieder einmal fährt ein reicher polnischer

Graf durch Tarnow und sein Kutscher fällt betrunken vom Bock. Der Graf flucht, sofort aber steigt Jossel auf den Bock und fährt ihn so gut, daß er mit zwei Dukaten heimkehrt. Nun ist Niemand mehr im Stande ihn zu halten und er wird Kutscher, übernimmt Fuhren, durchkreuzt den Kreis nach allen Richtungen, bleibt oft einige Tage aus und der arme Abe Nahum Waßerkrug hat keine ruhige Stunde mehr.

So kommt das Jahr 1846, der polnische Aufstand, die Gegenrevolution der galizischen Bauern, welche ihre furchtbaren Sensen, im Namen des Kaisers, gegen die Insurgenten kehren, die Edelhöfe plündern und anzünden, die Edelleute niedermetzeln. Die Kreisämter suchen die Wuth der Bauern zu dämpfen, aber Niemand wagt sich auf das flache Land, Niemand als die Juden, sie verschont die furchtbare Sense, ihnen werden die Kundmachungen anvertraut, sie entsendet man mit den Befehlen, der Metzelei Einhalt zu thun.

Eines Morgens kommt die Nachricht, daß die Bauern Brzostek förmlich belagern. Der Kreishauptmann will einen verläßlichen Boten entsenden die

Herrschaft zu erretten, natürlich einen Juden, wer sollte also hinreiten, wenn nicht Jossel. Jossel wird erwählt und er ist gleich bereit, sein hübsches Gesicht strahlt von Muth und Aufregung, während sich Abe Nahum Waßerkrug dem Tode nahe fühlt. Während Jossel sich fertig macht, schleppt er sich zur Schule, er betet zu Gott, er ringt mit sich selbst, seine Kindesliebe ringt mit seiner Furcht, er fleht Gott an, eine Bathkoll*) ertönen zu lassen, die ihm wie ein Orakel den Weg weist, und wie er horcht und horcht, da lesen sie in der Schule und er hört die Verse: „Pharao zog ins Meer mit seinem Heer, mit Rossen und Reitern, mit Wagen und Streitern, ließ der Herr sie sinken in's Meer. Doch Israels Kinder, die schritten durch des Meeres Mitten trocken einher."

Er schreit auf, das ist die Himmelsstimme, er rennt zum Kreisamt, wo, von allen Juden umgeben, Jossel eben zu Pferde steigt, und hängt sich an seinen Fuß. „Er wird nicht reiten", ruft er, „ich selbst werd' reiten, Herr Kreishauptmann."

---
*) Himmelsstimme.

Alle staunen, Alle bewundern ihn, „Abe Nahum Waßerkrug wird reiten, ist er wohl meschugge?"

Und er steigt wirklich zu Pferde, er nimmt die Kundmachung, küßt sein Kind, und beginnt zu weinen, aber er reitet, und da ihm Alle folgen, so giebt es keinen, der nicht gesehen hätte, wie er aus Tarnow heraus reitet und dann auf der Kaiserstraße davontrabt. Diesmal aber hat Joffel Angst um ihn und er kommt zum Kreisamt zurück und stellt sich an die Wand und betet, und seine Thränen fließen.

So vergehen ihm ein paar angstvolle Stunden.

Plötzlich hört er Rufe, Pferdegetrappel, das Rasseln von Rädern, jubelnd strömen die Juden zum Kreis= amte, mitten unter ihnen sieht man den armen kleinen Abe Nahum Waßerkrug auf seinem großen Pferde, mit leuchtendem Gesicht, und ihm folgen Bauern mit Sen= sen, die auf vier kleinen Wagen mit elenden Pferden bespannt, die Herrschaft von Brzostek, ihre Beamten, ihre Diener bringen, einige leicht verwundet, aber alle lebendig. Und Abe Nahum Waßerkrug wird von zwanzig Armen zugleich vom Pferde gehoben und küßt seinen Sohn, und sein Jossel küßt ihn, und beide weinen, und ich glaube die Juden weinen alle auch.

Man erfährt nach und nach den Zusammenhang, der Gutsherr erzählt, die bleiche Gutsfrau, die sich bebend in ihren Pelz hüllt, ihre Leute erzählen, die Bauern, nur der Held selbst schweigt.

Die Bauern stürmen bereits den Edelhof von Brzostek, die Schenne brennt, Schüsse fallen, da stürmt Abe Nahum Waßerkrug mitten zwischen die Kämpfenden.

Sein Thier, ein altes ausgemustertes Ulanenpferd, ist, sobald es die ersten Schüsse hörte, wiehernd dem Feuer entgegengesprengt. Abe Nahum Waßerkrug duckt sich auf dem Sattel wie eine Wildente im Rohr und hat die Augen fest geschlossen, so kommt er, dem todten Cid vergleichbar, die Kundmachung hoch erhoben, vor dem Edelhofe an.

Sofort ziehen sich die Bauern zurück und die Polen hören auf zu schießen. Der Bote des Kreis= amtes spricht zu beiden Parteien und stiftet Frieden.

Die Polen strecken die Waffen und die Bauern begnügen sich, sie gefangen nach Tarnow zu führen.

Die Himmelsstimme hatte wahr gesprochen: Israels Kinder, die schritten durch des Meeres Mitten trocken einher.

Von diesem Tage an war Abe Nahum Wasserkrug ein großer Mann in der Khille*), und auch ein wohlhabender Mann.

Die Regierung belohnte ihn für seine That und der Grundherr von Brzostek, der ihm sein Leben und das der Seinen dankte, zählte ihm 1000 Dukaten auf den Tisch, und Abe Nahum Wasserkrug kaufte für sich ein wirkliches ganzes Haus, für seinen Jossel aber kaufte er wirkliche zwei Pferde und ein Fuhrwerk, und, fügte mit Stolz hinzu, als Jossel ihn dafür zärtlich küßte, „Du darfst sogar mit den Pferden fahren."

Wenn es jetzt aber hieß: „Wer ist der größte Poltron in Tarnow?" so sagten die Juden in Tarnow: „Wir wissen nicht, wer es ist, aber Abe Nahum Wasserkrug ist es nicht."

---

*) Judengemeinde.

Moses Goldfarb und sein Haus.

Ein Ghetto war es eigentlich nicht, in welchem Moses Goldfarb mit den Seinen wohnte, sondern eine echt polnische Juden=Schänke, welche hundert Schritte außerhalb des Dorfes an der Kaiserstraße stand, mit ihrem dürren Busch, ihren halberblindeten Fenstern, ihren ewigen Kothlachen vor der Thüre und den schmutzi= gen Trögen; aus denen die Pferde der vorüberkommen= den Fuhrleute mit dem Schweif schlagend zu fressen pflegten; aber das Ghetto ist trotzdem überall, wo ein unverfälschter gläubiger Jude siedelt und die Thora ihre unsichtbaren, aber unübersteigbaren Mauern zwi= schen ihn und die übrige Welt schiebt, insbesondere, wo er so ganz allein, von seinen Brüdern entfernt, unter Christen lebt, wie Moses Goldfarb.

Einen Blutsauger hörte ich ihn nennen, und von respectablen Leuten zwar, zur Zeit als ich noch als kleiner Knabe mit der Vogelflinte um die Schulter, die Felder und den großen Wald, die Dombrowa durch= streifte, aber war es, daß Kinder sich wenig um Prin= zipien kümmern, sondern ganz nur dem Zuge ihres Herzens folgen, oder reizte mich sein übler Ruf, wie es uns in späteren Jahren so leicht bei schönen Frauen widerfährt, genug, ich kann nicht leugnen, daß die Kartschma und ihre Bewohner für mich etwas An= ziehendes hatten.

Zwar wagte ich mich niemals hinein und blinzelte nur so von weitem hin, wenn ich gerade vorüberging, aber es ist mir unvergeßlich, wie ich einmal am Sab= bath=Abend bis zu dem Fenster des niederen Hauses schlich, um durch die trübe Scheibe zu blicken, und sah Moses Goldfarb im seidenen Talar, mit wallendem dunkeln Barte oben an dem gedecktem Tische stehen und das Gebet sprechen, während seine Frau im rothen Schlafrock und der glitzernden Stirnbinde und seine Kinder festlich gekleidet umherstanden und auf seine Lippen blickten. Auf dem Tische duftete der Fisch in der braunen Rosinen=Sauce und lag ein großer Stritzel, und von der Decke herab flammte der Kronleuchter und draußen an dem blauschwarzen Himmel stand der Abendstern in seinem erhabenen Glanze wie mit einem goldenen Feierkleide angethan.

Einen Blutsauger nannte ihn Herr Raczinski, der Besitzer des Dorfes, von dem er die hinter der Schänke gelegene Branntwein=Brennerei gepachtet hatte, einen Blutsauger nannte ihn der redliche Mandatar, der in einem verschossenen Sommer=Röcklein zu diesem Guts=besitzer gekommen war und sich später zur allgemeinen Ueberraschung selbst ein Gut kaufte, einen Blutsauger nannte ihn der katholische Pfarrer des Dorfes und der Pastor der benachbarten deutschen Kolonie und es war dies der einzige Punkt, in dem diese beiden frommen Männer einig waren.

Merkwürdig war aber nur, daß die galizischen Bauern, als sie in dem denkwürdigen Aufstande von 1846 die Waffen gegen die polnischen Insurgenten er=hoben und über 4000 Adelige niedermetzelten, keinem Juden ein Haar krümmten, ja daß die Kreisämter be=rittene Juden als Boten auf das flache Land entsende=

ten, da diese allein vor der Wuth des Landvolkes sicher waren und daß auch der Gutsbesitzer Raczinski, sein Mandatar und der katholische Pfarrer, welcher die Bauern von der Kanzel herab zum Angriff auf die Kaiserlichen aufgefordert hatte, von denselben mit Schlägen bedient und gebunden nach der Kreisstadt geschleppt wurden, während Moses Goldfarb, der Blutsauger, von der ganzen Revolution nur so viel spürte, daß die Bauern bei ihm noch mehr Branntwein tranken als sonst.

Unheimlich wurde mir der ernste bleiche Jude nur einmal, als ich in einer Vollmondnacht einen im Lager geschossenen Hasen vorüberschleifte und auf der Straße menschliche Gestalten erblickte, welche sich scharf gegen den silberhellen Himmel abzeichneten, während von Zeit zu Zeit ein seltsames Geschrei an mein Ohr schlug.

Es war Moses Goldfarb, der mit den Seinen laut betete.

Als ich aber größer wurde, überschritt ich trotzdem eines Abends entschlossen die verrufene Schwelle und wurde in der großen, weißgetünchten Schankstube bald heimisch. Ich war damals General, nämlich General einer kleinen Armee von Bauernknaben, welche mir blind gehorchte, ich hatte Offiziere, Soldaten und einen Fahnenträger, aber mir fehlte ein Tambour und Abraham, der älteste Sohn Goldfarb's hatte von den ungarischen Soldaten des Regiments Máriássy trommeln gelernt. Was lag also näher, als daß er mein Tambour wurde. Mit ihm kam ich also in die Judenschänke und war auch dann, als mein Säbel und seine Trommel längst im Staube moderten, er bereits das Gespann seines Vaters lenkte und ich mich mit Cicero und Homer quälte, ein gern gesehener Gast in derselben.

Wie oft saß ich auf der niedern Bank bei dem großen grünen Ofen und sah Goldfarb zu, wie er seinen Handel machte, und den schwermüthig aussehenden Bauern, die ihren Branntwein tranken, der stets lächelnden, auf und ab trippelnden Kezia Goldfarb, deren kleine fette Hand die Kreide so kräftig handhabte, dem kleinen zerzausten Benjamin, welcher mit der gluthäugigen Esterka auf der Diele spielte, und suchte mich der

Fliegen zu erwehren, welche eine besondere Anhänglich=
keit für Moses Goldfarb bewiesen und in schwarzen
Schwärmen herumflogen wie die Wildenten auf dem
Teiche von Bielka.

Ich weiß nicht, weßhalb ich bei dem hochgewachsenen
Moses Goldfarb mit den reichen Locken und dem lan=
gen Barte immer an die Patriarchen des alten Bundes
denken mußte, während es mir niemals einfiel, bei
unserem Pfarrer oder dem Pastor an die Jünger Christi
zu denken, die doch ungleich lebhafter vor meiner Phan=
tasie standen, besonders der sanfte Johannes.

Auch gefiel mir, daß Moses Goldfarb meine An=
wesenheit in seinem Hause gleich einem nothwendigen
Uebel freundlich duldete, aber nie von Religion mit
mir sprach, während der Pastor mich jedesmal, wenn
ich zu seinen Knaben kam, bei der Hand hereinzog und
mit einem Lächeln, dessen Glanz auf mich wie ranziges
Fett wirkte, von den Vorzügen seiner Kirche, römischem
Götzendienst und evangelischer Einfachheit predigte. Die
Juden haben vor allen Bekennern anderer Religionen
den Vorzug, daß sie keine Proselyten zu machen suchen.

Der einzige Sohn des auserwählten Volkes unter Andersgläubigen war Moses Goldfarb darauf angewiesen, die Gebote seiner Religion strenger zu beobachten als jeder Andere, wo es anging, wo es jedoch nicht anging, war er erfinderisch, dieselben zu umgehen, ohne sie geradeaus zu verletzen und machte sich dabei die Spitzfindigkeiten des Talmud gut zu Nutze.

Das Gesetz gebot ihm, täglich bestimmte Waschungen vorzunehmen, aber das Geschäft machte ihm dieselben unmöglich, denn Moses war nicht nur ein praktischer, sondern auch ein höflicher Mann und er war unfähig, Jemanden warten zu lassen, wenn dieser Jemand auch nur ein bloßfüßiger Knecht war und nicht mehr zu sich nahm als ein Quatirl Schnaps. Also ging er zu dem Wasser hin, tauchte einen Finger ein und wusch sich, und genau so wusch sich seine Frau und wuschen sich seine Kinder.

Am Sabbath=Tage verbot ihm das Gesetz, irgend was zu thun was einer Arbeit glich, und verbot ihm auch, ein Geschäft zu machen. Nun war aber Moses nicht der Mann, ohne Noth seine Seele in Gefahr zu

bringen, also saß er mit Weib und Kind festlich geklei=
det da und Keines von ihnen schänkte aus oder nahm
ein Geld. Aber die Bauern andererseits die wollen
ihren Branntwein trinken auch am Sabbath und sie
sollen ihn auch bezahlen, was thun? Sehr einfach,
die Bauern treten in die Schankstube, grüßen den
Juden und nähern sich dem Schanktisch, sie wissen schon
was sie zu thun haben, sie schänken sich die kleinen
Blechmaße selbst voll, sprechen ihr zdruw! (Bleib ge=
sund), stürzen den Branntwein mit einem einzigen Ruck
hinab und werfen ihre Kupfermünzen durch das Loch,
das der Jude in den Schanktisch gebohrt hat, in die
Lade. Goldfarb blinzelt nur so ganz wenig hinüber,
ob auch Alles richtig ist.

An einem Festtage darf nur so viel gekocht werden,
als an diesem Tage verzehrt wird, auch dann, wenn
derselbe auf einen Freitag fällt. Da aber jedes Fest
nach dem Talmud durch zwei Tage gefeiert wird —
der Jude daher schon am Mittwoch für den kommen=
den Sabbath kochen müßte, so bliebe ihm nur die Wahl,
die Speisen verderben zu lassen oder das Gesetz zu

verletzen. Der Talmud hat indessen vorgebaut und Moses Goldfarb weiß genau, was Erub Thabschilin sagen will. Also er sagt mit dem Talmud: wenn ich am Vorabend des Festes, am Mittwoch nämlich, mich mit Speise für den Sabbath versehe und diese Speise auch nur in einem Stück Fleisch oder einem Ei besteht, habe ich dem Gesetz Genüge gethan und kann dann am Festtage so viel mir beliebt für den Sabbath kochen. Kocht also am Mittwoch ein ganzes Ei, das er bis zum Sabbath aufbewahrt, und seine Seele ist gerettet.

Moses sagt (2. Mos. 43, 7): „Gesäuertes Brod soll (am Passah=Fest) aufgegessen werden. Ganze sieben Tage soll kein gesäuertes Brod in deinen Grenzen sein." Die Talmudisten dehnten dieses Verbot auch auf das Geschirr aus, in dem Gesäuertes zubereitet wurde. Nun war aber dieses Verbot leicht zu erfüllen in Palästina, zur Zeit, als man ein dünnes Brod in heißer Asche buk. Tag für Tag, schwer fällt es aber jetzt, wo man Brod in Laiben in Vorrath bäckt und das Vieh mit Kleien und ähnlichem Futter genährt wird, und

geradezu unausführbar ist es für einen Branntwein=
pächter.

Was soll also der fromme Moses Goldfarb begin=
nen, um weder seine Seele noch seinen Leib zugrunde
zu richten?

Er kennt seinen Talmud und findet ein Auskunfts=
mittel. Am Vorabend des Passah=Festes verkauft er
seinen Branntwein, sein Korn, seine Gerste und sein
Mastvieh an seinen Nachbar, den Grundwirth Frant=
schischek Kobilka, für viertausend Gulden, aber ist so
nobel, sich mit einem Kontrakt und mit einer Oran=
gabe von vier Groschen Schein zu begnügen, womit
aber seine Noblesse noch lange nicht erschöpft ist, denn
er vermiethet dem Käufer noch dazu das ganze Ge=
bäude, in dem sich die Brennerei befindet, damit dieser
das Gekaufte nicht gleich fortzubringen gezwungen ist.
Nach dem Passah=Feste kommt Kobilka, sieht sehr be=
trübt aus und schwört, daß er nicht das nöthige Geld
habe, um den Kaufkontrakt zu erfüllen. Nun kennt
die Großmuth Moses Goldfarb's keine Grenzen, er zer=
reißt den Kontrakt, gibt dem Bauer seine Drangabe

zurück, schenkt ihm den schuldigen Miethzins für das Gebäude und bewirthet ihn noch überdies mit Branntwein.

Moses Goldfarb galt übrigens bei den Juden auf zehn Meilen in der Runde nicht allein als Talmudbeflissener, sondern geradezu als ein Anhänger des großen Bescht. Das wußte seine Frau und sie traute ihm auch alle Eigenschaften dieses Wundermannes zu. Ich hörte sie ein einzigesmal mit ihm keifen, ihr Züuglein ging dabei wie der Kopf einer Viper hin und her, während Moses Goldfarb ruhig dasaß und aus seiner türkischen Pfeife dampfte. Plötzlich sah er seine schönere Hälfte fest an und sprach: Als einst ein Weib ein Spottlied sang, das die Frau des großen Bescht auf sich bezog und es ihrem Manne klagte, sprach er nur die Worte: Dieses Weib wird wohl nicht mehr reden! und — sie blieb stumm.

Rezia erschrak, verstummte und zog sich in eine dunkle Ecke zurück, noch eine Stunde später sah ich sie am ganzen Leibe zittern.

Während aber die Eltern schlicht und recht waren

und blieben, zeigten ihre Kinder starke Neigungen, sich dem Zeitgeiste anzuschmiegen, besonders Esterka.

Sie war eines Tages zwölf Jahre alt und mit zwölf Jahren ein vollendetes Weib, sie verstand es, mit einemmale ihren schlanken Leib in den üppigen Hüften zu wiegen, und ihre Ebenholzzöpfe in einer Weise zurückzuwerfen, daß es Einen überlief, und erst dieser verschwommene sammtene Glanz ihrer Augen, über die lange dunkle Wimpern gleich geheimnißvollen Tempelvorhängen fielen, und das spöttisch wollüstige Lachen ihres rothen Mundes!

Sie begann räthselhafte Blicke nach den ungarischen Soldaten, welche hie und da zu Abraham kamen, zu werfen und setzte gerne den Tschako Eines oder des Anderen auf die schwarzen Flechten, um dann in der Thüre zu stehen und die vorbeifahrenden Edelleute zu salutiren, sprang wie ein Reh hinaus, jedesmal wenn Graf Wladimir seinen Araber anhielt, um ihm ein Gläschen Slivovitz und seinem Pferde Brod mit Salz auf der flachen Hand zu reichen, begann Schleppen zu tragen und in einer schmierigen Nachtjacke, den Kopf voll

Papilloten, in der Gaisblatt=Laube hinter dem Hause Romane zu lesen aus Büchern, deren Blätter zusammenklebten. Ich sah sie in jenen Tagen nie anders als sich putzen, ob sie nun die Perlen ihrer Mama durch das Haar schlang, oder eine Rose hineinsteckte oder Gott weiß was an ihrem Busenstreifen zu richten hatte, und jeder zweite Blick galt dem Spiegel.

Nicht selten saß sie unter den Gästen und klimperte auf einer Guitarre, die sonst an einem blaßblauen Bande neben dem Bilde Koscziusko's hing. Einmal erschien sie plötzlich in ein großes Leintuch gewickelt, mit einem Schnurrbart, den sie sich mit Kohle gezeichnet, ließ sich vor ihrer staunenden Mama auf ein Knie nieder und sang eine Arie aus Romeo und Julia, die sie bei einem Besuch in Lemberg im Theater gehört hatte.

Für mich hatte sie zugleich etwas Berauschendes wie Myrrhenduft und etwas Fremdartiges, was mich abschreckte. Als sie eines Abends im Sommer ohne ihre typische Nachtjacke mit bloßen Armen hereinkam und sich zu mir setzte, bemerkte ich mit einer Empfin=

bung, die der Furcht verwandt war, daß ihre herrlichen Arme mit langen glänzenden Haaren bedeckt waren. Ich weiß nicht, weßhalb ich sofort an die grauenhafte Guli der „Tausend und eine Nacht" denken mußte und als sie mich plötzlich in einer halb romantischen, halb ironischen Anwandlung in die Arme schloß, da war es mir, als umarme mich eine Wölfin, oder sonst ein reißendes Thier.

Während Esterka in dieser Weise ihre Studien machte, besuchte der schmächtige, farblose Benjamin die Schule in dem nahen Städtchen. „Ich will lernen," pflegte er zu sagen, wenn ihn sein Vater hinausgehen hieß und den Pferden der Fuhrleute Hafer vorschütten, versenkte seine Hände in den Taschen und rührte sich nicht. „Was willst Du etwa lernen? willst Du ein Ilau werden?" spottete Moses Goldfarb.

„Nein, ein Doktor," sagte der Knabe.

Eines Tages kam Abraham mit der Holzmütze auf dem Kopf und that sehr entschlossen. „Was hat der Bub," rief Moses entrüstet, „ist er meschügge, bringt er mir Mordgewehre in das Haus!"

„Ich bin Soldat!" erwiderte Abraham trotzig, „sie haben mich assentirt zu Graf Nugent=Infanterie."

„Wie können sie Dich assentiren, so Du bist ein armer furchtsamer Jüd," schrie sein Vater auf, „und ich zahle für Dich, daß Du frei wirst".

„Wie haißt," sagte Abraham, „daß ich bin furcht= sam, ich hab' Kurasch wie die Anderen und werde in den Krieg ziehen gegen die Franzosen und die Preußen."

„Gott soll mich strafen, haste gehört, in den Krieg will er ziehen mit sein Mordgewehr," jammerte sein Vater.

Abraham war und blieb indeß Soldat, ging mit dem nächsten Transport nach Lemberg und mit ihm zerriß das Band das mich mit Moses Golfarb und seinem Hause verband. Nicht lange darnach verließ ich selbst Galizien.

Zehn Jahre vergingen.

Im Herbste 1857 besuchte ich die Heimath das erstemal wieder und besuchte auch die einsame Juden= Schänke. Ich fand wenig verändert. Moses Goldfarb,

in dessen Händen die Quart und die Branntwein=Flasche zitterten, als ich mich zu erkennen gab, hatte jetzt wei=
ßes Haar und einen echten ehrwürdigen Patriarchen=
Bart, das war Alles. Abraham war als Urlauber zu Hause, er lächelte verlegen als er mich sah und doch hatte er wenig Ursache dazu, er hatte unter Radetzky auf den lombardischen Schlachtfeldern mitgekämpft und war Feldwebel geworden. Die Bauern, welche mit ihm gedient hatten, behandelten ihn wie Ihresgleichen und das will mehr sagen, als wenn irgend ein polni=
sches Gräflein mit ihm Bruderschaft getrunken hätte. Er war im Dorfe eine geachtete Person, trug eine blaue Militärhose und auf seinem städtischen Rocke das Dienstzeichen, nur sein Vater schien sich nicht viel aus ihm zu machen, aber einmal fing ich einen Blick seiner großen durchdringenden Augen auf, als Abraham mir in einem Kreise beurlaubter Soldaten von der Schlacht bei Mailand erzählte und ach! wie viel Liebe und wie viel Stolz lag in diesem Blick.

Einmal kam er zu mir und als ich ihm Cognac aufwartete, bat er schüchtern um ein Stückchen Speck.

„Ich habe es mir angewöhnt beim Regimente," sagte er, „aber sprechen Sie nichts vor dem Tate, es möchte ihn kränken."

So zart ist das Gemüth eines, wie es heißt „verkommenen" polnischen Juden.

Benjamin, der in Lemberg das Gymnasium studirte, brachte eben seine Ferien zuhause zu. Er war stark gewachsen, erschreckend mager, bleich, trug langes Haar wie ein Künstler, und „christliche" Kleider, wie unsere Juden sagen. Er sprach viel von Literatur. Sein Lieblingsdichter war Goethe. Er ließ mich merken, daß ihm die Verhältnisse daheim zu enge waren, daß sie den hohen Flug seines Geistes hemmten, aber vor dem alten Vater zuckte er mit keiner Wimper. Als er mich aber auf der wohlbekannten Straße nachhause begleitete und der Mond tröstend über der düstern Wand der Dombrowa emporstieg, blieb er stehen, ließ seine schlotterigen Arme wie Windmühlflügel um sich herumgehen und declamirte im singenden Nasenton der Synagoge:

„O! säh'st du, voller Mondenschein,
 Zum letztenmal auf meine Pein!"

Esterka war nicht zu sehen, Alle schwiegen über sie, und so vermied ich es, nach ihr zu fragen.

Und wieder einige Jahre später befand ich mich im Theater zu Lemberg, um die polnische Tragödie kennen zu lernen und Madame Aschperger als Barbara Radziwil zu bewundern. Nach dem ersten Akte musterte ich die Damen in den Logen und plötzlich entdeckte ich ein bekanntes schönes Gesicht, kein Zweifel, es war — sie hatte sogleich das Opernglas auf mich gerichtet und nickte mir jetzt lebhaft zu — es war Esterka, in der Winterpracht einer nordischen Fürstin mit den Diamanten einer Haremsrose, und ein Wink, der ebenso kokett als verständlich war, lud mich in ihre Loge.

Sie streckte mir beide Hände entgegen, als ich eintrat und begann von meiner „galizischen Geschichte" zu sprechen, die sie gelesen hatte.

„Lesen Sie noch immer Romane?" sagte ich, „ich dachte, Sie haben nur noch Zeit, welche zu erleben."

Sie lachte, nahm den Fächer vor das Gesicht,

wurde roth und lachte wieder. Unter ihrem prächtigen Palatin kamen ihre bloßen Arme zum Vorschein mit funkelnden Bracelets und jenem zartem Flaum bedeckt, dessen Glanz mich einst so erschreckt hatte.

Als ich sie verließ, sah ich den Grafen M. in ihre Loge gehen.

Im Foyer traf ich einen andern guten Bekannten, Benjamin, oder Doktor Rosenthal, wie er sich nannte, obwohl die Fakultät, der er die Ehre anthun wollte, ihm den Doktorhut reichen zu dürfen, heute noch nicht errichtet ist. Er lobte gelassen mein Buch und sprach dann vom Theater. Sein Aussehen hatte sich wenig verändert, nur daß er eine Brille und große Vater=mörder trug.

Er gestand mir endlich, daß er Kritiken schreibe über das Theater und auch Gedichte in Heine's Manier.

„Ich habe eben Ihre Schwester gesprochen," sagte ich, „sie ist sehr schön geworden und scheint in glänzen=den Verhältnissen zu leben."

Er zuckte die Achseln. „Was wollen Sie," sagte

er, "ein Jeder soll sein Glück machen, aber nicht Jeder kann dies in gleicher Weise, ich mache es durch meinen Geist und sie" — er vollendete den Satz nicht — "der Graf würde sie heirathen, wenn sie sich taufen ließe, aber wer wird den alten Vater so kränken?"

Pintschew und Mintschew.

Aus dem verlotterten schmierigen Hause des Kauf=
manns Markus Jolles dringen weinerlich lustige Stim=
men in die ruhige Abendluft, auf der ein starker Geruch
von Himbeeren und Rosen schwer und einschläfernd liegt.
Es sind Stimmen von Instrumenten und scheinen
Menschenstimmen zu sein, und sie erklingen jetzt alle
zusammen und wieder gegeneinander wie das tönende
Chaos eines galizischen Jahrmarktes.

Zwei Geigen schreien sich heiser mit den gellenden
Stimmen eines armen Juden und eines noch ärmeren
Bauers, die, verzweifelt wie Engel und Teufel um eine
arme Seele, um ein armseliges paar Stiefeln handeln
und dabei wie in einer ängstlich zusammengeflickten
Britschka auf einer galizischen Landstraße bald hoch
emporschnellen, bald tief herabfallen.

Dazwischen grollt die Baßgeige gleich der versoffenen fetten Stimme des alten Polizeimannes, und zu ihr gesellt sich die süße klagende eines kleinrussischen Bauernmädchens und irgendwo greint ein Kind, das sich im Gedränge verloren hat, nein, es ist der Cymbal und es ist eine verstimmte Flöte, die sich in dieser Weise vernehmen lassen.

In der großen Stube mit der niederen rußigen Decke, die den Leuten förmlich auf den Köpfen lastet, tanzen langbärtige Männer in langen Kaftanen und Frauen mit perlengestickten Stirnbinden, sie tanzen nicht zusammen, sondern Kaftane mit Kaftanen und Stirnbinden mit Stirnbinden. Es ist eine jüdische Hochzeit. Die Braut sitzt unter einer Art Thronhimmel und knuppert an einem Gebäck, das versteinert scheint und der Bräutigam im seidenen Talar, die hohe Zobelmütze auf dem Kopfe, steht draußen in der schweren Himbeerluft und streitet mit einem Manne in einem lilafarbenen Rock. Es handelt sich weder um eine Ehrensache, noch um ein Geschäft, es ist nicht einmal Eifersucht im Spiele und die beiden sind vollkommen nüchtern, aber sie streiten mit wahrhafter unverfälschter Wuth und schreien, als wollte sich ein Jeder einer Volksversammlung verständlich machen.

Sie streiten über eine Frage aus dem Talmud.

Pintschew, der Bräutigam, hat, wie es sich ziemt, vor den Gästen einen schönen talmudischen Vortrag gehalten, alle waren zufrieden mit demselben und mit dem Meth, den sie dabei tranken, nur Mintschew fand es nöthig zu widersprechen, er behauptete, weder in der Thora noch im Talmud seien öffentliche Gebete vorgeschrieben, dieselben seien später von den Rabinern eingeführt worden und es bestehe keine Pflicht für den frommen Juden, an denselben Theil zu nehmen.

So entstand der Streit und spann sich fort, von der Tafel in den Tanzsaal und aus dem Tanzsaal auf die Straße hinaus. In der Art wie Pintschew und Mintschew stritten, sprach sich ihr ganzer Charakter aus.

Der lange magere Pintschew, dessen farbloses Gesicht, mit Sommersprossen bedeckt, dem gesprenkelten Ei eines Rebhuhns glich, dessen Nase, klein, wie ein Schwämmchen in diesem Gesichte stand, dessen hellblaue

Augen unabläffig zwinkerten, nicht anders, als wären
fie von einem ftarken Lichte geblendet, hatte ein Tem=
perament, das genau fo viel vom Feuer an fich hatte,
wie fein Haar, das fich auf dem Kopfe und um das
Kinn kräufelte, leckenden Flammen ähnlich. Er war
ein Frauenfchneider, aber er fprach wie ein General,
der feine Soldaten haranguirt und der gewohnt ift,
daß fie ihn einfach anhören. Widerfprach man ihm, fo
wurde er heftig, er blickte faft mordluftig, obwohl er
nicht fähig gewefen wäre, eine Mücke zu töbten, die
fich irgendwo auf feinem Körper niederließ und fich mit
feinem Blute vollfog, und die Worte kamen aus feinen
Lippen wie Bienenfchwärme.

Mintfchew dagegen fprach felten mit Menfchen, er
war nur gewohnt, mit feinen Pferden zu fprechen, denn
er war ein trefflicher beliebter Kutfcher, und da er fei=
nen Pferden nicht viel zu fagen hatte und fie auf
diefes Wenige nur mit einem Niederlegen oder Auf=
richten der Ohren, mit einem Schlag des Schweifes
oder höchftens mit einem kurzen Wiehern Antwort
gaben, fo hatte er fich eine ruhige, gemeffene Art der

Rede angeeignet, es war als geize er mit Worten, als habe jedes derselben einen unschätzbaren Werth in seinen Augen.

Er war indeß nicht nur in seiner Rede, sondern in allem und jedem gelassen. Er sprach mit Händen und Füßen eben so wenig, als mit den Lippen, am meisten sprach er noch mit den Augen, die unter der vorspringenden Stirn und in dem lederbraunen, gleichsam gegerbten Gesichte, zu beiden Seiten der starken Nase mit dem einem türkischen Sattel gleichenden Buckel, groß und schwarz erglänzten, sich zuweilen schwärmerisch öffneten oder spöttisch zusammenzogen, oder fast traurig vor sich hinblickten, immer aber einen gewinnenden Ausdruck behielten, der aus dem Herzen zu kommen schien, vollends dann, wenn er lächelte und er lächelte nicht allzuselten. Man sah nur eine Bewegung häufig an ihm. Er strich gerne sein schwarzes Haar zurück. In seinem Wesen war nichts von jüdischer Demuth oder Zuthulichkeit, man konnte ihn stolz nennen, ohne daß er irgend wie fühlen ließ, daß er sich für etwas Besseres halte, dieser Stolz lag nur in seiner Haltung, die seiner kleinen, untersetzten, kräftigen Gestalt etwas Soldatisches verlieh, obwohl er niemals den Kalbfell=tornister getragen hatte und Schießgewehre mit dem=selben Abscheu betrachtete, wie der frömmste und ängst=lichste seiner Glaubensgenossen.

Wie die Beiden so stritten, oder eigentlich wie Pintschew stritt und Mintschew nichts weiter that, als etwa Einer, der ab und zu das Feuer mit dem Haken schürt, so daß von Neuem die Flammen emporflackern, erschien der Schames auf der Schwelle des Hauses, sah sie erstaunt an, schüttelte den Kopf und verschwand wieder. Die Beiden bemerkten ihn nicht.

„Kennst Du den Talmud?" schrie eben Pintschew, „Du kennst ihn nicht, wie es scheint, also ist es müßig, mit Dir, einem Amharez*), zu sprechen, aber ich will Dich dennoch belehren um Deines Seelenheils willen. Der Talmud beweist, daß es unsere Pflicht ist zu beten, der Talmud beweist das in Traktat Thaarith, er weist auf Moses hin, der Talmud, der da sagt, der

---

*) Unwissender in religiösen Dingen.

Moses, 2 Moses 23. 25., der da sagt: Ihr sollt dem Ewigen, Eurem Gotte, dienen. Und er sagt zu sagen der Moses, 5 Moses 11. 3., thut er sagen: ihm — nämlich Gott — mit ganzem Herzen dienen; es fragt sich also, wie kann der Mensch Gott in seinem Herzen dienen? Antwort: durch Gebet, also ist der von Moses eingesetzte Gottesdienst das Gebet."

Mintschew lächelte. „Wir sprachen nicht vom Gebet, sondern vom Gebet in der Schule, aber ich will Dir so antworten, wie Du fragst. Moses hat das Gebet nicht eingesetzt".

„Nicht eingesetzt!" Pintschew erhob die Hände und sprang wie ein Böckchen umher, er kicherte vor Wuth.

„Und das Gebet kann überhaupt kein Gottesdienst sein", schloß Mintschew ruhig.

„Kein Gottesdienst?"

„Nein, kein Gottesdienst," fuhr Mintschew lächelnd fort, „es ist ein Unsinn, das Gebet Gottesdienst*) zu nennen. Jemand einen Dienst leisten, heißt so viel,

---

*) Abedah, Dienst, schwere Arbeit.

als Etwas für ihn verrichten, was er selbst nicht verrichten kann oder will. Ist das richtig?"

Pintschew nickte heftig.

„Nun also, wenn das Gebet ein Dienst ist, den wir Gott erweisen, so folgt daraus, daß eigentlich Gott selbst beten sollte und der Mensch für ihn betet, weil er nicht beten kann oder will. Das ist doch ein Unsinn?"

„Ein Unsinn!" raste Pintschew, „dann ist der Talmud ein Unsinn, dann ist die Thora ein Unsinn oder Du bist ein Esel."

Der Narr steckte seinen Kopf zur Thüre hinaus, musterte die Beiden und sang mit meckernder Stimme:

„Ich will lieber Bauer werden, ackern mit dem Pflug,
Narren giebt es heutzutage allerwärts genug,
Ja ein Schnorrer*) will ich sein, alle Possen lassen,
Denn die Thorheit treibt ihr Spiel offen auf den Straßen."

Zufrieden mit dieser glücklichen Improvisation zog er sich in den Tanzsaal zurück, um sie dort den Gästen noch warm von der Pfanne zum Besten zu geben.

---
*) Bettler.

Pintschew und Mintschew hatten ihn gar nicht gehört.

„Wer sagt Dir, daß Gott nicht betet?" fragte Pintschew triumphirend.

„Zu wem betet er denn?" spottete Mintschew, „etwa zu sich selbst."

„Gewiß betet er zu sich selbst."

„Beweise mir das, Pintschew."

„Nichts leichter als das."

„Also."

„Kennst Du den Talmud?" fuhr Pintschew stolz fort und wiegte sich dabei, die Daumen im Gürtel, nachlässig auf den Absätzen hin und her, „Du kennst ihn nicht. Der Talmud sagt, daß Gott wirklich betet und er beweist es auch."

Mintschew lächelte.

„Der Talmud beweist es im Traktat Berachol, Du hast wohl noch nie was gehört vom Traktat Berachol, lieber Mintschew? also in diesem Traktat beweist der Talmud, daß Gott betet, er beweist es durch den Propheten Jsaias. Durch diesen spricht Gott, Jsaias 55, 7.: Ich führe sie einst zu meinem heiligen Berg und erfreue sie in meinem Gebethause —"

„Was folgt daraus?"

„Gott sagt nicht in ihrem, sondern in meinem Gebethause."

„Unsinn," unterbrach ihn Mintschew, „sein Gebethaus ist jenes, in dem ihn die Menschen verehren."

Doch Pintschew war nicht der Mensch, sich unterbrechen zu lassen, er schrie als rufe er aus dem Fenster eines brennenden Hauses um Hülfe. „Gott sagt nicht in ihrem, sondern in meinem Gebethause, also hat Gott ein Gebethaus und wenn er ein Gebethaus hat, so betet er auch darin."

„Kannst Du mir vielleicht auch sagen wie Gott betet?" fragte Mintschew, indem er eine Rose zerpflückte und unter seine Nase hielt, „Du Talmudweiser, Du Ilau?"*)

„Gewiß kann ich Dir das sagen," erwiderte Pintschew, bleich und am ganzen Leibe bebend.

---

*) Besonders genialer Talmudgelehrter.

„Wie betet er also?"

„Der Talmud" — die Stimme Pintschew's pfiff nur noch durch seine Zähne, als er dies sprach, „der Talmud sagt im Traktat Berachol 9, daß Gott das folgende Gebet an sich richte: 'Es sei mein Wille, daß meine Barmherzigkeit meinen Zorn unterdrücke' —"

„Genug," fiel Mintschew ein, „fühlst Du denn nicht Mensch, wie sehr Du Gott lästerst?"

„Ich? — — ich — lästere Gott —" Pintschew war nahe daran Mintschew beim Barte zu fassen.

„Begreifst Du nicht, daß Du Gott erniedrigst, wenn Du ihm zumuthest, daß er des Gebetes bedarf, um seine Barmherzigkeit über seinen Zorn siegen zu lassen und, wenn sein Zorn wirklich so groß ist, daß seine Barmherzigkeit denselben erst besiegen muß, begreifst Du nicht, daß Gott nur zu wollen braucht, um seinen Zorn zu besiegen und daß ihm zumuthen, daß er der Hülfe des Gebetes bedarf, nicht nur an seiner Güte, sondern auch an seiner Allmacht zweifeln heißt?"

Pintschew blieb eine Weile sprachlos.

„Nun, haft Du nichts zu erwidern," sagte Mintschew nach einer Weile, „was sagt nun der Talmud?"

Pintschew schwieg noch immer.

Kuniz Blauweiß, der Branntweinpächter, kam aus dem Hause um Luft zu schöpfen. Er sah die Beiden, sie aber sahen ihn nicht.

„Zur Zeit Moses," begann Mintschew von Neuem, „gab es nur Opfer im Tempel, keine Gebete der Gläubigen."

Blauweiß spitzte die Ohren und zog sich etwas zurück in den tiefen Schatten der Thür, um ungestört lauschen zu können. Sein feistes rothes Gesicht nahm sofort einen geistigen Ausdruck hoher Spannung an.

„In den mosaischen Schriften findet man nirgends eine Spur von öffentlichen Gebeten," fuhr Mintschew fort, „das Gebet war jedem Einzelnen anheimgegeben, weder der Ort, noch die Zeit, noch die Form desselben ist irgendwie vorgeschrieben. Der Talmud, der doch Alles wohl oder übel auf Moses zurückführt, vermag doch keine Stelle anzuführen, wo Moses oder auch nur einer der Profeten etwas über Ort, Zeit und Form des Gebetes bestimmen würde, und sogar Maimonides, in seinem Buche Jad Hacha sakak, sagt: Weder die Zahl der Gebete, noch die Form derselben, noch die Zeit, wann gebetet werden soll, ist in der Thora*) vorgeschrieben."

Blauweiß nickte zweimal mit seinem dicken Kopfe.

Pintschew hatte sich auf einer leeren Kiste niedergelassen, die vor dem Hause seines Schwiegervaters stand; eine Art Fieber schüttelte ihn, seine Hände hatten sich in den weiten Ermeln seines seidenen Talars versteckt und sein Gesicht hatte sich theils in dem Kragen desselben, theils unter die hohe Mardermütze zurückgezogen, so daß nur seine Augen hervorblinzelten, wie erschreckte Feldmäuse, die sich in ein Erdloch geflüchtet haben. „Was sagst Du aber dazu, daß Moses IV. 6. 24. Vorschriften giebt, wie sich die Andächtigen beim Segen der Priester, und V. 26. 1—12, wie sie sich bei Darbringung der Erstlinge der Früchte, und V. 14. 22—29 wie sie sich bei Darbringung des zweiten

---

*) Pentateuch.

Zehentes zu benehmen haben? Ist das kein öffentlicher Gottesdienst? Kannst Du behaupten, daß wer ein Sühn= oder Dankopfer brachte, sich dabei stumm verhielt? Nein, das kannst Du nicht behaupten." Pintschew begann wieder zu schreien. „Wer ein Opfer brachte, rief dabei gewiß Gott an, also betete er und betete im Tempel, also öffentlich. Ist in Samuel I. 1. 9. und weiter nicht ausdrücklich vom Gebete Hanna's die Rede? und Könige 8. 15—62. von dem Gebete Salomo's. Sagt Salomo in seinem Gebete nicht ausdrücklich: Erhöre o Gott! jeden, der das Anliegen seines Herzens dir an diesem heiligen Orte vorträgt? Ist damit nicht bewiesen, daß auch Andere im Tempel gebetet haben? Ist nicht im Daniel 9, 4—12 von dem Gebete Daniels die Rede, das er drei mal des Tages verrichtet hat.

„Ja wohl," fiel Mintschew ein, „aber in seinem Hause."

„Hat David nicht Musik bei den Opfern eingeführt? verfaßte und sammelte er nicht Hymnen?"

„Ohne Zweifel," sprach Mintschew, „doch wurden

dieselben nur von den Priestern und Leviten, nicht aber vom Volke gesungen."

„Hat Esra nicht in der Schemoneh essreh die 18 Segenssprüche vorgeschrieben?"

„Alles, was Du vorbringst," entgegnete Mintschew ruhig, „beweist nur, daß überhaupt Gebete an Gott gerichtet wurden, nicht aber daß sie vorgeschrieben waren oder gar einen Theil des öffentlichen Gottesdienstes bildeten. Was aber die Schemoneh essreh betrifft, so kann Esra dieselbe gar nicht geschrieben haben, das solltest Du wissen."

„Esra! die Schemoneh nicht verfaßt!" raste Pintschew, „höre Welt und staune!"

Die Welt bestand in diesem großen Augenblicke nur aus Kuniz Blauweiß, dem Branntweinpächter, der im Schatten der Thür stand und lauschte, aber sie war dafür auch so freundlich der Aufforderung Pintschews Folge zu leisten und mit offenem Munde zu staunen.

„Esra hat die Schemoneh nicht verfaßt," fuhr Mintschew fort, „wie könnte er die Schemoneh verfaßt haben, heißt es doch darin 'Führe den Opferdienst wieder in Deinem Tempel ein!' Da nun gleich die ersten aus der babilonischen Gefangenschaft heimkehrenden Juden in Jerusalem den Altar herstellten und die Opfer erneuerten, was 3391 geschah, so wäre es sehr überflüssig gewesen, wenn Esra, der erst 3413 zurückkehrte, 22 Jahre später noch Gebete um Erneuerung des Opferdienstes vorgeschrieben hätte."

Blauweiß wiegte den Kopf hin und her und murmelte: „Was für ein Kopf!"

„Ueberdies," schloß Mintschew, „sagt ja doch der Talmud selbst, derselbe Talmud, den ich nicht kenne, in demselben Traktat Berachol, den Du so genau kennst, ausdrücklich, daß die 18 Segenssprüche aus der Zeit der Zerstörung des zweiten Tempels herrühren und vom Rabbi Simon Hamaliel niedergeschrieben wurden."

Eben rief Jemand drinnen im Hause den staunenden Blauweiß. Dieser kehrte rasch in den Tanzsaal zurück und da der Erste, den er in der Nähe der Thüre traf, der Kaufmann Markus Jolles war, so nahm er ihn unter den Arm und sprach: „Hören Sie,

wer ist der Mensch, der draußen mit Ihrem Schwieger=
sohn streiten thut, er scheert ihn wie ein Schaf."

„Wer kann es sein!" rief Jolles ärgerlich; er kam
sich in diesem Augenblicke selbst wie ein Schaf vor, das
geschoren wird, „wer anders als Mintschew? Die
Beiden streiten, seitdem sie auf der Welt sind."

Die Musik verstummte, die Gäste entfernten sich nach
und nach, Pintschew und Mintschew stritten noch immer.

Blauweiß trat aus dem Hause, die hohe Zobelmütze
auf dem Kopfe, ein echter jüdischer Aristokrat, ihm
folgte ein schönes Mädchen, erhitzt vom Tanze, in einen
großen rothen Shawl gewickelt, ihre Rehaugen durch=
drangen die Finsterniß, sie suchten Jemand. Da er=
klang die Stimme Pintschews.

„Es ist bekannt, daß die Juden sich im Exil nach
der Zerstörung des ersten Tempels am Sabbath ver=
sammelten."

„So ist es," hörte man Mintschew antworten,
„aber nicht zum Gebete, sondern zur Belehrung, um
der Vorlesung und Erklärung des mosaischen Gesetzes
und der Propheten beizuwohnen. Auch nannten die

5*

Juden diese Orte niemals Gebethäuser, sondern Beth Hakenesseth, Versammlungshaus, das dem griechischen Synagoge entspricht und auch heute noch nennen die Juden diese Orte Schulen, was so viel sagen will, daß sie der Belehrung dienen sollen, nicht aber zum Gebete bestimmt sind."

Das schöne Mädchen war stehen geblieben. „Mintschew!" rief sie leise.

„Esterka!" gab er zur Antwort, „Sie sind es." Er näherte sich und sah ihre Augen ihn anlachen, dann verschwand sie in der Dunkelheit.

„Mintschew!" schrie Pintschew ängstlich, wie ein Kind, das seine Mutter verloren hat, „Mintschew, Mintschewleben, wo bist Du?"

„Hier — was soll es?"

„Suche mir nicht zu entkommen."

„Aber es ist Zeit zur Ruhe zu gehen."

„Warte nur, ich begleite Dich." Er ergriff Mintschew beim Arm, er zwickte ihn geradezu. „Du berufst Dich auf den Talmud. Der Talmud beweist aber in dem Traktat Brachol 4, daß die Gebete schon von ben Patriarchen angeordnet wurden. Abraham hat das Morgengebet eingeführt —"

„Davon weiß ich nichts," spottete Mintschew, indem er seine Schritte beschleunigte.

„Heißt es nicht 1. Moses 19. 27.: Abraham begab sich des Morgens früh an den Ort, wo er vor dem Angesichte Jehova's gestanden?"

„Nun?" Mintschew blieb stehen.

„Nun?" Pintschew sah ihn erstaunt in das ruhige Antlitz, er meinte ihn vernichtet zu haben.

„Nun?" wiederholte Mintschew.

„Nun?" sprach Pintschew, „heißt es nicht stehen: omed und hat beten nicht dieselbe Wurzel."

„Nehmen wir an, daß hieraus folgen würde, Abraham sei nicht gestanden, sondern habe gebetet; entgegnete Mintschew, so wäre damit doch nur bewiesen, daß Abraham eines Morgens gebetet, nicht aber, daß er das Morgengebet eingeführt habe."

„Staune Welt, er widerspricht dem Talmud!" rief Pintschew, und als er Mintschew davoneilen sah, begann er ihm nachzulaufen, indem er ohne Unterlaß aus vollem Halse schrie und endlich ganz außer Athem kam. „Hat nicht Isak das Abendgebet eingeführt? wer kann das läugnen? etwa Du? läugne es, wenn Du kannst! Heißt es nicht 1. Moses 24. 63.: Isak ging gegen Abend auf das Feld, um zu beten?"

„Es heißt nicht beten," belehrte ihn Mintschew, „spazieren oder nach Anderen Betrachtungen anstellen."

„Und Jakob," fuhr Pintschew fort, „wer hat das Nachtgebet eingeführt, wenn nicht Jakob!"

„Das ist Alles viel zu weit hergeholt," sprach Mintschew. Sie waren eben vor dem Hause angelangt, in dem er wohnte.

„Zu weit hergeholt," lachte Pintschew wüthend, „aber es ist Zeit schlafen zu gehen." Er drehte Min= tschew einfach den Rücken, doch dieser hatte ihn schon beim Ermel erwischt und sie gingen nun rasch den= selben Weg zurück, den sie eben zurückgelegt hatten.

„Der Talmud liebt es zu Zeiten, die Beweise für das, was er behauptet, sehr weit herzuholen," fuhr Mintschew fort, „das werde ich Dir auf der Stelle klar machen."

„Klar machen! mir etwas klar machen!" Pintschew schüttelte sich vor Lachen, aber sein Lachen klang gezwungen und gellend.

„Ja, so ist es," versetzte Mintschew, „der Talmud sagt: Wer sein Gebet in chaldäischer Sprache verrichtet, dem sind die bienenden Engel nicht willfährig, da dieselben die chaldäische Sprache nicht verstehen."

„Ist das etwa nicht richtig?" sagte Pintschew mit verzweifeltem Ernst.

„Aber Pintschew" — jetzt lachte Mintschew, aber von ganzem Herzen wie ein glückliches Kind — „da die Engel alles wissen, was im Herzen der Menschen vorgeht, wie sollen sie die chaldäische Sprache nicht verstehen?"

„Sie verstehen sie doch nicht, sobald es der Talmud sagt," erwiderte Pintschew.

„Aber bedenke —"

Pintschew hielt sich die Ohren zu.

„Die Engel verstehen nicht chaldäisch," wiederholte er, „sie verstehen es nicht."

„Gewiß verstehen sie es."

„Nein."

„Ja."

„Nein."

„Ja."

„Nein."

Sie standen wieder vor dem Hause des Markus Jolles, in der stillen Luft, die so süß nach Himbeeren roch, es war kein Mensch auf der Straße und die Lichter im Hause waren alle verlöscht, nur aus einem Fenster des Erdgeschosses kam ein matter röthlicher Schein. Die Sterne blickten stille auf sie herab und aus dem beleuchteten Fenster, hinter dem Vorhang hervor, lauschte die junge Frau Pintschews und hielt den Athem an.

„Gut," sagte Mintschew, „die Engel verstehen nicht chaldäisch —"

„Sie verstehen es auch wirklich nicht."

„Weshalb aber," fragte Mintschew mit seinem stillen Lächeln, „weshalb widersetzen sich die Rabiner den Gebeten in deutscher Sprache, da doch nirgends gesagt ist, daß die Engel nicht deutsch verstehen?"

„Ja — das — nur etwa —"

Pintschew war vollständig vernichtet.

„Gute Nacht Pintschew."

Der Vorhang bewegte sich.

„So warte doch — ich weiß —"

Mintschew entfernte sich rasch.

„So höre," rief ihm Pintschew nach, „Du weißt ja —"

Mintschews Schritte verhallten.

Pintschew schrie wie besessen und lief ihm nach. „Im Himmel giebt es zwölf — Thore — ebenso viel — als — als — Stämme Israels — durch jedes Thor — so bleib doch stehen —" Schon hatte er Mintschew eingeholt. „Ich verliere sonst den Athem. Durch jedes — Thor — also — gehen die Gebete eines Stammes zu Gott ein. Da aber für neue Gebete in deutscher Sprache kein Thor da ist, so können sie nicht zu Gott gelangen. Verstehst Du?"

Sie schritten wieder Mintschews Hause zu. Die junge Frau hinter dem Vorhang seufzte. Aber was fragte Pintschew darum? Die Beiden gingen die ganze

Nacht hinburch in der langen Straße auf und ab, bald begleitete Pintschew den Mintschew, dann wieder Mintschew den Pintschew und wieder Pintschew den Mintschew, sie stritten fort bis zum Morgen, bis sie Beide ganz heiser waren. Die Sterne erblichen einer nach dem anderen, aber die junge Frau saß am Fenster und lauschte und seufzte bis der Morgenwind den Vorhang zu bewegen begann, hinter dem sie saß und der Osten sich weiß und immer weißer färbte.

„Und nun, nachdem Du bewiesen hast, daß man nicht chaldäisch beten soll," sagte zuletzt Mintschew.

„Ja, das habe ich bewiesen," versetzte Pintschew stolz.

„Nun erkläre mir, wie es kommt," sprach Mintschew, „daß alle unsere Gebete in einem Gemisch von Hebräisch und Chaldäisch abgefaßt sind, das nicht nur die Engel, sondern wir selbst nicht verstehen. Erkläre mir, wie das ein Gottesdienst sein soll, wenn die Andächtigen leere Worte nachplappern, die sie nicht verstehen. Erkläre mir das Pintschewchen."

„Weil es 5. Moses 6, 14. heißt," gab Pintschew triumphirend zur Antwort, „höre Israel! also braucht der Jude nur zu **hören**, nicht aber zu verstehen, was er betet."

Mintschew begann zu lachen; die junge Frau beugte sich heraus, bleich mit schläfrigen Augen und diesmal ging Pintschew wirklich in das Haus hinein und sagte kein Wort mehr. —

Zwischen Pintschew und Mintschew gab es Krieg und Streit schon seitdem sie auf der Welt waren. Niemand erinnerte sich, sie je friedlich beisammen gesehen zu haben. Sie konnten kaum aufrecht gehen und schon kämpften sie um ihr Spielzeug. Hatte Pintschew ein neues hölzernes Pferd und Mintschew ritt auf einem Stecken, den er aus dem nächsten Zaun gezogen hatte, so ließ Pintschew sein Pferd liegen, wo es eben lag, und wollte auch auf dem Stecken reiten, auf demselben Stecken, mit dem sich Mintschew unterhielt und die Sache endete mit Püffen, Beulen und Thränen. Trennte man sie aber, so weinten sie gleichfalls. Jeder von ihnen wollte nur mit dem Anderen spielen. Als Chederjüngel*) galten sie bereits allgemein als Neben=

---
*) Schulknaben.

buhler und Feinde, sie stritten auf dem Weg zur Schule, sie stritten in der Schule, sie stritten wenn sie nach Hause zurückkehrten, sie versäumten das Essen nur um zu streiten. Wie aber ein Dritter dazu kam, oder gar für einen von ihnen Partei nahm, prügelten sie ihn gemeinschaftlich durch. Ebenso erbittert stritten sie in der Talmudthore*). Kaum hatten sie ganz wenig hineingeblickt in den Talmud, wollte ihn schon jeder von ihnen besser verstehen, als der andere. Sie wurden nicht müde, die spitzfindigsten Fragen aufzuwerfen und zu beantworten, aber sie duldeten keine Zuhörer, wenn sie stritten, und wagte es einer gar sich einzumischen, so redeten sie ihn auf der Stelle nieder und schmückten ihn so kräftig mit witzigen Bezeichnungen aus, daß er den gelehrten Kampfplatz wie ein mit Disteln und Brennesseln aufgeputzter Esel verließ.

Keiner von ihnen wurde ein Gelehrter, sie waren Beide viel zu arm, um sich dem Studium des Talmuds widmen zu können, und nur diesem, wie es ein Jeder von ihnen gewünscht hätte.

---
*) Talmudschule für arme Knaben.

Der alte Pintschew war ein Schneider, so wurde der junge Pintschew auch ein Schneider. Der Tate arbeitete nur für seine Damen, für Edelfrauen, Frauen von höheren Beamten und Offizieren, allenfalls auch für reiche Jüdinnen, er empfand eine unsägliche Verachtung für alle Waschstoffe und für Wolle, er fühlte sich nur wohl, wenn seine große Scheere durch glänzenden Sammet fuhr, wenn sich um ihn seidene Wellen ergossen, wenn kostbares Pelzwerk seiner Nadel Widerstand leistete, er liebte auch Spitzen und seidene Fransen. Sein Sohn behielt dieselben noblen Passionen, er hätte sich entwürdigt gesehen, wenn er einer Wirthin oder gar der Gattin eines Handwerkers hätte Maß nehmen sollen, ihm war nur dann wohl zu Muthe, wenn er seine aus alten Zeitungen zusammengestückten Papierstreifen um die weiße Büste einer Gräfin oder die feine Taille einer Majorstochter legen durfte.

Mintschew dagegen wurde Kutscher, obwohl sein Vater ein Hausirer war. So sehr er den Alten achtete so wenig Respekt hatte er vor alten Röcken und Hasenfellen und vollends unleidlich war ihm der Gedanke

unter Gottes Sonne durch den Staub, oder Koth, oder
Schnee zu laufen, wie ganz anders saß er auf dem
schmälen Bocke seines Wagens, von dem aus er seine
mageren Pferde lenkte, ein König, frei, muthig, blickte
er auf die herab, die da zu Fuße liefen. Pintschew und
Mintschew, Beide waren wohl gelitten unter Juden und
Christen, Beide waren redliche, mäßige, arbeitsame Leute,
keiner von ihnen trank, oder spielte, oder belästigte die
Mädchen mit seinen Gefühlen, sie hatten nur eine
Leidenschaft, die, zusammen Talmudthesen zu besprechen,
wobei freilich das Sprechen ausschließlich auf Mintschews
Seite war, der Pintschew konnte nicht disputiren, ohne
furchtbar zu schreien. Sie stritten zu jeder Zeit und
aller Orten, wo sie sich trafen und da sie sich immer
trafen, nicht aus Zufall, sondern mit Absicht, so stritten
sie immer. Fuhr etwa Mintschew mit dem Kreis=
commissar nach Zabie, wo derselbe eine Commission
hatte, so erinnerte sich Pintschew zu rechter Zeit, daß
er für die Gutsfrau Horostenska ganz in der Nähe von
Zabie, seit einem Monat eine grünsammetene Kazabaika
zu machen habe, und er setzte sich hin und nähte den

Tag über und die ganze Nacht, und saß richtig schon auf der Bank vor dem Hause des Kreiscommissars, wenn Mintschew am nächsten Morgen angefahren kam, und besetzte die Kazabaika noch in aller Eile mit Pelz, und setzte sich zu ihm auf den Bock, um mit ihm unterwegs zu disputiren und wohl dazwischen auch einen Ermel zu verbrämen oder die Heften anzunähen.

Hatte Pintschew bei der Gräfin Goluchowska Maß zu nehmen für ein Seidenkleid, so fiel es Mintschew ein, daß in der Nähe in Delatin Jahrmarkt sei, und er fuhr auf den Jahrmarkt, scheinbar um Geschäfte zu machen, eigentlich aber nur um Pintschew zu der Gräfin zu fahren und mit ihm irgend eine merkwürdige Frage zu erörtern.

Bei seinen Fahrten kam Mintschew nicht nur häufig bei der Schenke des Kuniz Blauweiß vorbei, sondern er mußte fast jedesmal sein Gefährte vor derselben anhalten, da seine Passagiere beim Slivowitz des braven Branntweinpächters mit Vorliebe zusprachen. Er that es nicht eben gerne. Daß er mäßig war, versteht sich von einem polnischen Juden von selbst, einen Betrun=

kenen nur zu sehen, war für ihn ein Gräuel, er schauderte mit ihm in Berührung zu kommen, und zwar genau so wie mit einem unreinen Thiere. Selten, sehr selten, bei starkem Froste leerte er ein kleines, ganz kleines Gläschen Kontuschuwka*), er fürchtete den Branntwein und nicht minder fürchtete er Esterka, die Tochter des Branntweinpächters, welche, sobald nur das Rasseln eines Wagens, der Ruf eines Kutschers oder das Schnauben der Pferde zu hören war, flink und lustig, mit fliegenden dunkeln Zöpfen aus der Schenke trat, um je nach dem Stande des Gastes in kleine Kelchgläser oder blecherne Gefäße einzuschenken und mit Fremden ebenso vertraulich zu plaudern, wie mit Bekannten und mit dem Bauer im schmutzigen, geflickten Sierak**), oder dem Handwerksburschen im schäbigen Kastorhut ebenso herablassend zu scherzen, wie mit dem Husarenoffizier hoch zu Rosse, oder dem vierspännig daherkommenden reichen Gutsbesitzer.

---

*) Reiner Kornbranntwein.
**) Ueberrock mit Kapuze aus grobem ungeschorenem Tuch mit Verschnürung.

Esterka war nicht allein ein hübsches Mädchen, sondern frisch und beweglich, wie es die Jüdinen selten sind. Ihr ein wenig keckes, gutmüthiges Gesicht war nicht im Mindesten von der Stubenluft, in der jede polnische Saaronrose schnell dahinwelkt, angekränkelt und auch ihre Gestalt, die nicht zu groß aber auch nicht eben klein war, ihre schlanken Glieder stimmten vortrefflich zu ihrem lebhaften Wesen.

Dennoch vermied es Mintschew sie anzusehen. Ging es an, so blieb er auf dem Kutschbock sitzen und blickte weg von der Schenke in die weite Ebene hinaus. Mußte er absteigen, so antwortete er auf die freundlichen Worte, die das hübsche Mädchen an ihn richtete, nur mit einem Nicken oder Schütteln des Kopfes, hing seinen Pferden ruhig die Futtersäcke um, nestelte an den Rädern und der Deichsel oder ging sogar, wenn es länger währte, hinter das Haus und sah sich in der Wirthschaft des Branntweinpächters um.

Esterka bemerkte nur zu bald dies abweisende Benehmen und da Mintschew der einzige Mann war, der vollkommen unempfindlich für ihre Reize und ihre Lie=

6

benswürdigkeit schien, so verfolgte sie ihn nur um so
mehr mit ihren schalkhaften Augen und ihren freund=
lichen Worten und behandelte ihn endlich mit einer Art
freundschaftlicher Vertraulichkeit, welche Mintschew nur
noch verdrossener und stiller machte.

Einmal kam Mintschew mit einem jungen Herrn
vorbei, der aus Lemberg, wo er Jus studierte, zur
Ferienzeit zu seinen Eltern zurückkehrte, die in der
Nähe ein Gut besaßen. Mintschew wollte die Schenke,
vor der die hübsche Esterka, die Arme herausfordernd
in die Hüften gestemmt, stand, nicht bemerken, er
knallte mit der Peitsche und versuchte rasch vorüber
zu fahren.

Aber dafür sah der junge Herr das Haus mit
dem verdorrten Busch über der Thür und er bemerkte
auch das hübsche Mädchen und befahl zu halten.

Mintschew kehrte um und fuhr an die Schenke
heran, wobei er indeß nicht versäumte durch die große
Lache zu fahren, die schwarz war wie das todte Meer,
so daß die Enten des Branntweinpächters schreiend die
Flucht ergriffen und der nach der neuesten Pariser

Mode gekleidete, pomadirte, frisirte und parfumirte junge Herr ganz mit Koth bespritzt wurde.

Als dieser aus der Britschka sprang, kam wieder vollkommene Blindheit und Taubheit über Mintschew. Er hörte nicht wie der polnische Junker Esterka die Braut des hohen Liedes nannte und mit jener jüdischen Venus verglich, welche den König Kasimir von Polen in die Sklavenketten ihrer Schönheit gelegt hatte, er sah nicht wie er sie scherzend um den Leib nahm, wie sie sich schlangenhaft in seinen Armen wand und er sie zuletzt doch noch auf den braunen Nacken küßte. Schweigend saß er auf dem Kutschbock und schien die kleinen Wolken zu beobachten, die im Abendsonnenschein gleich umhergestreuten Baumwollflocken zu brennen begannen.

Ein Zufall führte ihn am nächsten Morgen mit einem jüdischen Getreidehändler zur Schenke des Blauweiß.

Die beiden hatten einen Handel abzuschließen.

Mintschew wußte, daß zwei so hartgesottene Spekulanten nicht eben rasch einig zu werden pflegen, er stieg also ab und begann seine Pferde zu füttern. Gleich war Esterka zur Stelle und grüßte ihn freundlich, er aber sah sie nicht, er blickte sozusagen durch sie wie durch ein Glas, aber ein trübes Glas, denn er zog seine Augen zusammen als wollte er seinen Blick schärfen.

Esterka lächelte, ergriff zwei Kannen, lief zum Brunnen und brachte ihm Wasser für seine Pferde. „Nun, ist der Herr Mintschew jetzt etwa zufrieden?" begann sie mit liebenswürdigem Spott.

Keine Antwort.

Sie blickte ihm von links in das finstere Gesicht, er wendete sich nach rechts. Sie ging um ihn herum und blickte ihm von rechts in das Gesicht, er wendete sich nach links.

„Was haben Sie denn, habe ich Sie beleidigt?" rief jetzt Esterka, den vollen Blick ihrer ehrlichen guten Augen auf Mintschew gerichtet.

Jetzt mußte er reden und er redete in der That.

„Schickt es sich vielleicht für ein Judenmädchen mit

einem solchen Purez*) zu scherzen" sagte er verächtlich und spuckte aus.

Esterka stand in diesem Augenblicke auf der Schwelle ihres väterlichen Hauses zwischen den beiden eichenen Pfosten, an denen vergilbte Zettel mit Talmudstellen angeheftet waren, sie schlug die Augen nieder, warf den einen Zopf über die rechte Schulter nach vorne und zupfte an demselben.

„Nun — weßhalb sagen Sie jetzt nichts?" fuhr Mintschew fort, „geht doch Ihre Zunge sonst wie ein Pendel hin und her ohne Unterlaß in Ihrem Munde?"

„Sie haben Recht, Mintschew", sagte sie endlich, „zanken Sie mich nur aus".

Aber er zankte nicht mehr. Er sah sie an mit einem Blicke, in dem so viel gutmüthiger Groll lag und zugleich so viel Liebe. Sie verstand den Blick und wurde roth, sie konnte ihn nicht mehr ansehen und nicht mehr zu ihm sprechen und ebenso wenig konnte sie sich von

---

*) Ein eleganter Christ, der kein Geld hat, ein lumpiger Cavalier.

der Stelle rühren. Als aber der Getreidehändler endlich herauskam aus dem Hause und wieder in den Wagen stieg, da warf sie einen schnellen zaghaften Blick auf Mintschew und er nickte ihr freundlich zu, das erste Mal seitdem sie ihn kannte.

Seitdem kam Mintschew öfter allein, ohne daß er Jemand führte, ohne seine Pferde und seine Peitsche, saß in der Schenkstube und folgte Esterka mit den Blicken, und da Mintschew kam, kam natürlich auch Pintschew und sie stritten an dem langen grün angestrichenen Tisch über Fragen aus dem Talmud und Esterka saß, so oft sie nur konnte, bei ihnen und hörte ihnen zu, neugierig und respectvoll.

So geschah es, daß Markus Jolles, der Kaufmann, einmal zu Blauweiß kam, sich Rathes zu erholen und daß Blauweiß selbst keinen Rath wußte und ärgerlich an seinem langen Barte riß, und Pintschew sich bescheiden erhob und zu sprechen begann.

„Alle großen Talmudgelehrten, sogar Maimonides und Jakob Ben Ascher erlauben ausdrücklich am Passahfeste alle Arten Hülsenfrüchte als Erbsen, Bohnen,

Linsen, Hirse, Reis ohne Anstand zu genießen, ja sie sagen, daß jener, der sie nicht ißt, einen närrischen Gebrauch beobachtet. Dieser Gebrauch hat sich nur bei den polnischen und deutschen Juden eingeschlichen, alle anderen genießen am Passahfeste ohne Gewissensbisse jede Art von Hülsenfrüchten".

„Aber es heißt doch im Buche Beth Joseph, daß Hülsenfrüchte nicht gestattet sind", wendete Markus Jolles ein.

„Vergeben Sie", fuhr Pintschew fort, „nicht im Buche Beth Joseph, sondern in den Zusätzen des Rabbi Moses Israel zu diesem Buche heißt es: Manche Leute verbieten das Essen von Hülsenfrüchten am Passahfeste. Wer sind diese Leute? Narren, sagen die Talmudisten, denn im 3. Buche Mosis 12, 14 ist gesagt: Am vierzehnten Tag des ersten Monats Abends sollt Ihr ungesäuertes Brod essen. Und in der Mischna Traktat Pessachim steht geschrieben: Aus folgenden Getreidearten darf das ungesäuerte Brod, Magoth, gebacken werden, nämlich aus Gerste, Hafer, Spelt, Dinkel ꝛc. Der Talmud fragt: Kann aus der Thora bewiesen werden, daß nur aus diesen und nicht aus Reis und Hafer das ungesäuerte Brod gebacken werden darf? Risch Lakisch giebt zur Antwort: Moses sagt, 5. Mosis 16, 3: „Bei dem Osterlamm sollst Du nichts Gesäuertes essen, sieben Tage sollst Du nur ungesäuertes Brod essen: das heißt, aus solchen Getreidearten, die eine Säuerung annehmen, kannst Du das ungesäuerte Brod backen, nicht aber aus Hirse und Reis, die wohl einen säuerlichen Geschmack aber keine wirkliche Gährung annehmen. Also ist aus dem Talmud erwiesen, daß Hirse und Reis keine Gährung annehmen und daher durch das Verbot nichts Gesäuertes am Passahfeste zu genießen nicht berührt werden, ebenso wenig wie andere Hülsenfrüchte."

Markus Jolles nickte nur mit dem Kopfe und ging dann mit Blauweiß zur Thüre hinaus.

Zwei Tage später erschien Finkel Schmolleleben, der beliebte Schadchen*) des Kreises bei Pintschew und bald flüsterten sich die Kinder Israels von Tschernowitz

---

*) Jüdischer Ehevermittler.

bis Lemberg hin die große Neuigkeit zu: der junge Pintschew hat eppes ein Massel*), der reiche Markus Jolles soll ihm geben seine Rachel zur Frau.

Dieses Massel hatte seine kleinen Schattenseiten wie jedes Menschenglück, es hatte eine verschobene Gestalt wie eine Puppe, die zerbrochen und schlecht zusammen geleimt wurde, ein kleines grünes Gesicht voll Sommersprossen und rothe geschwollene Augen. Rachel Jolles war streng genommen eine harte Nuß aber vergoldet wie eine Nuß auf einem Christbaum.

Pintschew war aber doch zufrieden, etwa so wie ein bürgerlicher Elegant, der eine dreißigjährige Comtesse mit falschen Zähnen und echtem Katzenbuckel zur Frau bekommt. Er wurde durch diese Heirath ein wohlhabender Mann, ein Mann den man beneidete, den man ehrerbietig grüßte und feierte seine Hochzeit mit einem Prunke, der jedem polnischen Grafen Ehre gemacht hätte, denn die jüdischen Aristokraten lassen sich bei solchen Gelegenheiten durchaus nicht spotten.

---

*) Glück.

Den Tag nach Pintschew's Hochzeit kam Mintschew in die Schenke des Blauweiß ohne jede Absicht als die Esterka zu sehen, ihre fliegenden Zöpfe, ihre freundlichen Augen, ihre kleinen Füße in den rothen Pantoffeln.

Kuniz Blauweiß saß hinter dem Ofen und betete, er blinzelte nur einmal verstohlen durch die halb geschlossenen Lider auf Mintschew hin. Nachdem er aber den Gebetriemen abgeschnallt, trat er vor ihn hin und begann mit der Würde eines Sultans:

„Mintschew, Sie sind ein großer Geist".

„Zu viel Ehre, Herr Blauweiß".

Der arme Kutscher hatte sich erhoben und lächelte bescheiden.

„Sie haben den Schwiegersohn des Jolles diese Nacht rein weggeblasen, wie ein Federchen haben Sie ihn weggeblasen".

Blauweiß ließ sich soweit herab, wirklich in die Luft hinein zu blasen. Mintschew lächelte wieder.

„Sie sind ein Licht im Talmud", fuhr der Branntweinpächter fort, „ich würde es mir — ja, ja, — zur

Ehre würde ich es mir schätzen, Sie zum Eidam zu haben."

Jetzt lächelte Mintschew nicht mehr, er war feuerroth geworden, roth bis in seine Ohrläppchen hinein, das Herz stand ihm still und der Ton erstarb in seiner Kehle.

Eben trat Esterka in die Schenkstube.

„Da ist das Mädchen", sprach Blauweiß, „sie soll Ihre Frau werden".

Nun wurde auch Esterka roth, sie blickte auf Mintschew und er auf sie.

„Nun, bist Du zufrieden?" fragte Blauweiß.

„Ich bin es", erwiederte Esterka mit züchtig niedergeschlagenen Augen, „wenn also der Herr Mintschew —."

„Was soll er nicht zufrieden sein", brauste Blauweiß auf, „gebe ich Dir doch 10,000 fl. mit in schönen Dukaten".

Damit war die Heirath abgemacht, ohne Schadchen, ohne die Altweiber-Diplomatie, Blauweiß war ein Despot, er liebte die Staatsstreiche.

Die Hochzeit Mintschew's mit Esterka wurde mit nicht geringerem Prunke gefeiert als jene Pintschew's mit Rachel. Es wäre für Blauweiß ein Leichtes gewesen, Markus Jolles zu überbieten, aber ebenso wenig er sich von ihm in Schatten stellen ließ, ebenso wenig wollte er denselben kränken.

Nur in einer Beziehung war ein Unterschied zu bemerken, an dem freilich Kuniz Blauweiß unschuldig war. Mintschew erging sich nicht in der Hochzeitsnacht mit Pintschew in endlosen Talmuddebatten, sondern zog es vor, bei seiner jungen Frau zu bleiben.

Pintschew und Mintschew waren bisher Beide brave, mäßige, arbeitsame Menschen gewesen, Leute, die man den heranwachsenden Bachers als Muster aufstellte, doch von dem Augenblicke an, wo sie Frauen genommen hatten und wohlhabend geworden waren, wo sie nicht mehr um das tägliche Brod zu sorgen hatten, schien sich ihr ganzer Charakter verändert zu haben. Nicht daß sie Säufer, Schlemmer oder gar Don Juans geworden wären. Unter den polnischen Juden sind die galanten Ehemänner ebenso selten wie die Messalinen.

Beide trieben sogar ihr Handwerk nach wie vor, aber wie sie es trieben, daran lag es. Sie vernachläßigten mehr und mehr ihre Geschäfte, ihre Kunden, ihre Frauen, ihr Aeußeres, ja alles, alles über dem Talmud. Sie waren in jenen Irrgarten gerathen, in den Viere gingen, wie der Talmud erzählt, und nur einer, Rabbi Akiba, glücklich wieder herauskam.

Sie stritten jederzeit und allerorten mit einem Eifer, den nichts zu zähmen, nichts abzukühlen vermochte. Zuerst wurden sie von ihren Frauen bewundert, dann bemitleidet und endlich mit Vorwürfen überschüttet, aber vergeblich. Wenn Rachel verzweifelte und weinte, schlich Pintschew zur Hinterthüre hinaus und lief dann wie ein Steppenpferd, hinter dem die Wölfe her sind, dem Dorfe zu wo Mintschew wohnte, und stemmte Esterka die vollen Arme in die Hüften und begann, durch die Zornesröthe nicht wenig verschönert, ihren Mann herunterzumachen, ging dieser trotzig hinaus, schwang sich auf ein Pferd und sprengte dem Städtchen zu, wo Pintschew seinen Laden hatte mit dem schönen bunten Schilde.

Kam Mintschew allenfalls mit einem Gutsbesitzer angefahren, der im Gasthause zum weißen Adler einkehrte, nahm er sich gar nicht Zeit auszuspannen, er überließ Wagen und Pferde dem Strusch*) und eilte zu Pintschew, der auf der Steinbank vor seinem Hause saß, an einer Robe nähte und bereits vor Aufregung bebte und stärker athmete.

Als der Gutsbesitzer fortfahren wollte, stand die Britschka wohl vor dem Thore aber die Pferde waren nicht zu sehen. Der Pole begann seiner langen Pfeife einen wahren Höllendampf zu entlocken.

„Hundeblut! wo ist denn dieser Jude?" schrie er.

„Ich komme schon," rief Mintschew, sprang auch wirklich auf, wendete sich aber nochmals um und sagte leise zu Pintschew: „Man soll hören, schweigen und dulden."

„Wo steht das geschrieben?" wendete Pintschew heftig ein, „ich weiß nicht wo das wäre zu lesen."

„Weißt Du nicht, Pintschewleben, aber ich weiß."

---

*) Hausknecht.

„Vermalmedeiter Schwätzer," schrie der Gutsbesitzer, „spann' doch ein."

„Ich spanne ja ein," gab Mintschew zur Antwort und wirklich eilte er jetzt die Pferde aus dem Stalle zu führen und begann auch schon die Stricke an den Querhölzern zu befestigen. Pintschew war ihm sachte gefolgt, indem er emsig an der Robe weiter nähte und dieselbe hinter sich durch den Koth schleifte. Er zupfte Mintschew beim Ermel und flüsterte ihm in das Ohr:

„Mintschew wo steht es geschrieben?"

„Was?"

„Daß man soll hören, schweigen und dulden."

„Das steht geschrieben 1. Moses 25, 14."

„Daß ich nicht wüßte."

„Heißen nicht drei Söhne Israels Mischnah, Dumah und Massah?"

„Ja, so heißen sie."

„Also — Mischnah heißt hören, Dumah schweigen und Massa ertragen." *)

---

*) Mintschew wendet hier eine der Auslegungsmethoden der Kabbalah an.

„Bist Du fertig," schrie der Pole.

„Gewiß, Herr Wohlthäter."

Aber nun fehlte die Peitsche. Mintschew suchte sie und Pintschew mit ihm, aber keiner von Beiden fand sie.

„Ich will jetzt fortfahren," befahl der Gutsbesitzer und stieg ein, „also soll der Teufel Deine Peitsche holen."

„Er hat sie so schon geholt," sagte Mintschew, sprang auf den Bock, nickte Pintschew zu und trieb die Pferde mit den Zügeln an. Die armen magern Thiere zogen tüchtig an und rissen Mintschew vom Kutschbock herab, die Britschka mit dem Gutsbesitzer aber blieb ruhig stehen.

Mintschew hatte mit der Kabbalah im Kopfe schlecht eingespannt und begann nun beschämt von Neuem die Stricke zu befestigen, zum Unglück für ihn entdeckte gerade jetzt der Pole die Peitsche im Wagen und hieb mit derselben Mintschew über den breiten Rücken, den ihm dieser verlockend darbot. Mintschew erhob nur ein wenig den Kopf und sah ihn an.

„Weißt Du was diese Stelle sagen will im Buche Josua 75, 2," sprach er ruhig zu Pintschew, „Kinah, Dumiah, Weababah?"

„Das sind Orte des gelobten Landes," versetzte Pintschew.

„Freilich," sagte Mintschew lächelnd, er war eben fertig geworden und stieg von Neuem auf den Bock, „es sind Namen von Orten, aber sie bedeuten noch etwas ganz Anderes."

Die Britschka setzte sich in Bewegung.

„Was bedeuten sie?" fragte Pintschew.

„Kinah: Wem sein Nächster Gelegenheit zur Rache giebt," erwiederte Mintschew. Die Pferde begannen zu traben, Pintschew hielt sich mit dem rechten Arm an den Kutschbock und lief nebenher, „und Dumiah?"

„Dumiah: und er dennoch ruhig bleibt," antwortete Mintschew.

Pintschew mußte loslassen, die Britschka ging davon, er legte beide Hände an den Mund und schrie aus Leibeskräften: „und Weababah?"

„Dem wird Gott Recht verschaffen," schrie Mint=

schew zurück, indem er sich auf dem Kutschbock um=
wendete.

Als Pintschew nach Hause zurückkehrte, begann Rachel die Robe zu mustern und bitterlich zu weinen, „was hast Du wieder gethan, Pintschewleben," jammerte sie."

„Nun, was hab' ich gethan?"

„Hast Du falsch eingenäht die Ermel und die Schleppe von der Frau Kreiskommissairin gezogen durch den Koth."

„Werd' ich noch einmal einnähen die Ermel," er= wiederte Pintschew gelassen, „und werd' ich ausputzen den Koth, aber weißt Du, was das sagen will, Kinah, Dumiah, Weadadah?"

„Ich weiß es nicht," greinte Rachel, und will es auch nicht wissen.

„Werd' ich es sagen Deinem Tate, was wird er haben eine große Freude."

Bei einer Feuersbrunst, welche rasch um sich griff und bei fünfzig Häuser des Städtchens in Asche legte, kam Mintschew mit anderen Juden aus der Umgebung und einer Feuerspritze angefahren, denn Niemand übertrifft den polnischen Juden, wenn es gilt Gemeinsinn und bürgerlichen Muth im Kampfe mit den Elementen zu beweisen. Keine Hand blieb müßig, Männer, Greise, Frauen, halbgewachsene Knaben stürzten in die Flammen um zu retten.

Pintschew und Mintschew trafen sich auf einem mit Holz gedeckten Dache, der erstere eine Haue, der letztere eine Eisenstange in der Hand und begannen die glimmenden Schindeln herabzureißen.

„So Gott will," sagte Pintschew, „kommen wir mit dem Leben davon und erfüllen eines seiner 613 Gebote, nämlich bei der Rettung aus einer Lebensgefahr nicht unthätig zu sein."

„Wer sagt denn, daß es 613 Gebote giebt," spottete Mintschew, fuhr aber fort zu arbeiten.

„Wer es sagt," lachte Pintschew höhnisch, „der Talmud sagt es, er sagt: Rabbi Simlai sagt: 613 Gesetze wurden dem Moses auf dem Berge Sinai gesagt, nämlich 365 Verbote als die Zahl der Tage im Jahre ist und 248 Gebote nach der Zahl der mensch=

lichen Glieder. Der Beweis dazu ist das Wort Thora, dessen Buchstaben nach der Zahlenlehre*) 613 betragen."

„Das ist nicht wahr," erwiederte Mintschew ruhig.

„Was?"

„Die Buchstaben des Wortes Thora betragen nur 611," sprach Mintschew ruhig.

„Freilich, freilich, Du hast Recht, aber es kommen noch die zwei ersten der zehn Gebote hinzu, welche nicht Moses, sondern Gott selbst den Juden gesagt hat."

„Es giebt aber jetzt nicht 613 sondern 14,000 Gebote," rief Mintschew, „und die Rabbinen suchen einen Narren, der sie befolgt."

„Das sind aber Gebote der Rabbinen," widersprach Pintschew, „und nicht mosaische."

„Richtig", sprach Mintschew, „aber Rabbi Abraham ben David macht es auch dem Rabbi Moses ben Maimon, der die 613 Gebote zuerst niedergeschrieben hat, zum Vorwurf, daß er in die Zahl derselben mehrere

---

*) Selbstverständlich jene der Kabbalah.

nicht mosaische, sondern nur rabbinische Verordnungen aufgenommen hat. Wozu aber überhaupt so viel Gebote?"

„Wozu?" kreischte Pintschew, der Rauch erstickte seine Stimme. Die Flammen schlugen allenthalben aus dem Dache, auf dem die Beiden standen und disputirten.

„Sie verbrennen noch," rief unten eine Stimme. „Kommt herab, kommt herab," schrien andere. Die Balken krachten unter ihnen, Pintschew und Mintschew hörten es nicht.

„Anfangs waren die Menschen fromm," rief Mintschew, „und konnten, wie Rabbi Isaak Chabib treffend sagt, das Joch der vielen Gebote tragen, später aber waren sie es nicht mehr im Stande und so setzte schon David die Zahl der Gebote auf eilf herab."

Ein verzweifelter Schrei brachte die beiden Streitenden zur Besinnung. Unten in der Straße stand Rachel in einer Nachtjacke, welche der Palette eines Historienmalers glich und mit einer Nachthaube so hoch wie ein Thurm und erhob die Arme zum Himmel. Pintschew blickte um sich, überall züngelten Flammen und sperrten ihnen den Rückweg. Zwei Männer legten eine Feuerleiter an, die oben mit nassen Kotzen umwunden war. Pintschew setzte sich auf den First des Daches nieder und begann zu beten, aber Mintschew faßte ihn schnell entschlossen in seine starken Arme und trug ihn bedächtig, aber sicher, wie ein Kind die Leiter hinab.

Als sie in der Mitte derselben angekommen waren, begann Pintschew, in Mintschew's Armen zappelnd: „Wenn Du das willst, so hat der Prophet Isaias die Gebote sogar auf sechs beschränkt."

„So ist es," sprach Mintschew, „und der Prophet Micha sogar auf drei."

Pintschew, der jetzt allein die Sprossen hinabkroch, hielt am Fuße der Leiter inne, seine weinende Frau abwehrend, und rief: „nämlich Recht üben, Treue pflegen und in Demuth vor Gott wandeln."

Mintschew nickte zustimmend. „Siehst Du," murmelte er, „wie die Juden sind schwächer geworden schon damals in alten Zeiten und sollen jetzt halten 14,000 oder auch nur 613 Gebote. Ich kenne nun ein Gebot, auf das der Prophet Habakuk sämmtliche Gebote beschränkt hat und dieses heißt: Der Fromme lebt in seinem Glauben."

Eben stürzte das Dach mit einem furchtbaren Krach in sich zusammen und ein brennendes Stück Holz traf Pintschews Bein so, daß er mehrere Wochen das Bett hüten mußte. Mintschew besuchte ihn fleißig und der Talmud bildete bei diesen endlosen Besuchen den unerschöpflichen Quell des Trostes für den Leidenden. Einmal verspätete sich Mintschew so sehr, daß er nicht mehr daran denken konnte, nach Hause zurückzukehren, und die schöne Esterka noch aus den weichen Federn aufzustören, in denen sie sich zu vergraben liebte, wie ein Siebenschläfer in seinem warmen Winternest.

Er blieb also bei Pintschew über Nacht. Als er diesen Entschluß ankündigte, hüpfte Pintschew in seinem Bette förmlich auf, Rachel aber sah ganz vernichtet und wo möglich nach verschobener aus als sonst. Aber sie hatte endlich gelernt zu schweigen und nur in ihrem Herzen zu klagen. Ohne eine Einwendung zu machen, bereitete sie Mintschew ein Nachtlager in dem kleinen Neben=

zimmer, das nur durch eine dünne Holz- und Rohrwand von jenem getrennt war, in welchem die Eheleute schliefen, und — das gebot die Ehre der jüdischen Hausfrau — sogar ein sehr gutes und reinliches Lager. Es stand genau dem Bette Pintschews gegenüber, nur die Verschalung trennte die beiden Talmudlöwen.

Mintschew wünschte Pintschew und Rachel gute Nacht, sprach das Abendgebet und ging zur Ruhe. Er lag nicht lange unter der rothen Decke, klopfte es leise an die Wand, genau dort, wo sein Kopf lag. Mintschew that als höre er nicht.

„Mintschew," rief es leise, wie die Stimme eines Geistes, leise und kläglich, „hörst Du nicht, lieber goldener Mintschew."

„Was giebt es denn?" ließ sich endlich Mintschews tiefe Stimme vernehmen.

„Wirst Du nicht still sein," seufzte Rachel.

Pintschew schwieg eine Weile.

„Pintschewchen," begann dann Mintschew.

„Ja, sprich nur leise, sie schläft schon," antwortete Pintschew.

"Sag' mir, Pintschew, hat Gott früher den Himmel oder die Erde erschaffen?"

Pintschew dachte nach.

"Weißt Du es nicht?" fragte Miutschew.

"Natürlich hat Gott zuerst den Himmel erschaffen," erwiederte jetzt der Schneider, "denn es heißt doch 1. Moses 1, 1. Im Anfang schuf Gott Himmel und Erde."

"Freilich heißt es so," flüsterte Mintschew durch die Wand hinüber, "aber es steht auch geschrieben 1. Moses 2, 4: Als Gott die Erde und den Himmel erschaffen hatte. Daraus wäre zu schließen, daß er zunächst die Erde erschaffen habe und dann erst den Himmel."

"Das ist ein Widerspruch," rief jetzt Pintschew laut, "und wo sich zwei Sätze widersprechen, muß —"

"Aber Mann — ich glaube er spricht aus dem Schlafe," begann Rachel, die wieder erwacht war.

"So? sprach ich aus dem Schlafe?" sagte Pintschew, "also siehst Du, daß ich geschlafen habe, kehre Dich also nicht daran und laß mich aus dem Schlafe sprechen, es giebt Menschen, welche die ganze Nacht sprechen und doch sehr gut dabei schlafen. Mintschew z. B. spricht auch aus dem Schlafe."

Rachel beruhigte sich.

„Mintschew," lispelte der Schneider.

„Ich höre."

„In diesem Falle muß ein dritter Satz aufgefunden werden, der den Ausschlag giebt."

„Also!"

„Was?"

„Suche einen solchen Satz."

„Kennst Du ihn vielleicht?" fragte Pintschew.

„Ja, ich kenne ihn," lautete die trockene Antwort.

Pintschew sann nach, plötzlich schrie er triumphirend auf: „Ich hab ihn, ich hab ihn."

„Wen hast Du?" fragte Rachel erschreckt, „ist ein Dieb hier?"

„Den Satz habe ich, der den Ausschlag giebt," sprach Pintschew stolz, „hörst Du Mintschew. Um den Widerspruch aufzuklären, ließ Gott durch den Propheten Isaias sagen: Meine Hand gründete den Erdball, meine Rechte maß den Himmel, ich rief sie und Beide standen zugleich. Ist es so?"

"Ja," stimmte Mintschew ärgerlich bei.

"Also hat Gott Himmel und Erde zugleich erschaffen," schloß Pintschew.

"Und Euch Zwei hat er zugleich als die beiden größten Narren in Israel erschaffen," rief Rachel, "es ist aber auch das letzte Mal, daß ich Mintschew hier schlafen lasse."

Sofort wurden die beiden Talmudlöwen mäuschen= still und als nach einer Weile Mintschew aufrichtig zu schnarchen begann, wendete Pintschew, der sich bis= her schlafend gestellt hatte, mit einem schweren Seufzer das Gesicht zur Wand und schlief gleichfalls ein. Er träumte von dem Propheten Elias, der auf einer großen rothen Wolke saß, während Rachel in ihrer schmierigen Nachtjacke mit einem großen Lichthut durch den Himmel ging und die Sterne verlöschte, einen nach dem anderen.

Als Pintschew wieder genesen war, nur noch ein wenig hinkte, beschloß er auf den großen Jahrmarkt nach Kalomea zu fahren. Er hatte auf seinem Krankenlager und später, als er zwar aufstehen, aber die Stube noch nicht verlassen durfte, einen Anlauf zur moralischen Besserung genommen und sein neu erwachtes sittliches Gefühl hing nun an allen erdenklichen Nägeln und Haken in der Stube umher, in der Gestalt reizender Jacken in allen Farben mit Katzenhermelin besetzt, prächtiger vorherrschend abendrother Roben und moderner Mantillen. Diese Schätze galt es in Kolomea an Frauen und Töchter von kleinen Beamten, behäbigen Landpfarrern und verschuldeten Gutsbesitzern loszuschlagen. Es verstand sich von selbst, daß es Mintschew war, der ihn auf den Markt führte und daß Rachel sie in einem chocoladefarbenen seidenen Ueberrock und mit einer perlenbesäeten grauen Stirnbinde begleitete.

Bis an den Dniester ging Alles gut, aber in dem heiligen Eifer Pintschews, einige Ansichten über die Jeschibots*) zu bekämpfen, gerieth Mintschew auf einen falschen Weg und plötzlich sahen sich alle drei sammt

*) Talmudische Hochschulen.

Gefährt, Kazabaikis und Roben mitten in einem ungeheuren Sumpf. An ein Weiterfahren war nicht zu denken, also versuchte Mintschew umzukehren, aber die Räder machten eine gefährliche Schwenkung, die Deichsel brach und der Wagen drohte sie alle in den Morast zu werfen. Man berathschlagte und die Männer beschlossen, Rachel bei dem Wagen zurück zu lassen und selbst einen Weg durch die sumpfige Wildniß zu suchen. Sie gingen mit dem besten Vorsatz davon, aber kaum waren sie hundert Schritte gegangen, waren Weg und Sumpf, Rachel und Jahrmarkt vergessen und Pintschew begann:

„Warum hat Moses eigentlich verboten Schweinefleisch zu essen?"

„Weil es schädlich ist," sagte Mintschew.

Pintschew lachte höhnisch auf. „Wenn es schädlich ist, warum essen es doch die Christen?"

„Warum aber essen es die Mohamedaner ebenso wenig wie die Juden?"

„Weil es ein unreines Thier ist."

„Die Ente ist auch ein unreines Thier und der

Krebs nährt sich gar vom Aase," rief Mintschew, „das ist nicht der Grund, das Schweinefleisch ist im Morgenlande, wo es jederzeit eine große Hitze giebt, schädlich, deßhalb verbot es Moses."

„Deßhalb!" schrie Pintschew wüthend, „also könnten die Juden in Polen Schweinefleisch essen nach Deiner Meinung?"

„Gewiß."

„O! Du Treffnik,*) hat doch Moses nirgends nichts gesprochen von dem heißen Lande, sondern hat es einfach verboten."

„Weil Moses nicht wissen konnte, daß die Juden einmal in kalten Ländern wohnen werden," erwiederte Mintschew.

„Nicht wissen konnte," kicherte Pintschew mit vor Wuth erstickter Stimme, er bemerkte nicht daß der Weg sich längst im kurzen Schilf verloren hatte und ebenso wenig bemerkte es Mintschew, Beide standen bis an die Knie im Sumpf und bemerkten es nicht. „Nicht

---

*) Räudiges Schaf.

wissen konnte," wiederholte Pintschew, „Moses! was konnte Moses nicht wissen, er, zu dem Gott sprach zu jeder Stunde."

„Ich aber sage," unterbrach ihn Mintschew, „daß Moses in unseren kalten Ländern den Juden den Genuß des Schweinefleisches nicht verboten hätte."

Sie standen bereits bis zum Bauch in dem grünen Schlamm, aus dem große weiße Lilien feenhaft emporblickten.

„Also iß Schweinefleisch," schrie Pintschew, „iß und erstick' daran."

„Ich werde nicht davon genießen," versetzte Mintschew, „aber würden die Juden vernünftig sein, so würden sie alle Schweinefleisch essen."

„Poshe Jisrael,"*) rief Pintschew ergrimmt, „Du sprichst ja wie ein zweiter Acher, der die Blumen ausriß im Garten des Talmud, Gras soll vor Deiner Thür wachsen und Steine —"

„Was?" schrie jetzt Mintschew, gleichfalls von jähem Zorn erfaßt.

---

*) Abtrünniger.

„Steine sollen Dir wachsen im Bauch!"

Schon hatten sich die Beiden bei den langen Bärten gefaßt und begannen sich jämmerlich hin und her zu reißen, Beide schrien, Beide spuckten sich an und Beide geriethen immer tiefer in den Schlamm.

„Laß mich los," sagte endlich Pintschew kleinlaut.

„Laß Du zuerst los," erwiderte Mintschew.

Beide wurden zugleich ruhig.

„Ich habe Dir bewiesen," begann Mintschew, „daß das sogenannte Schemoneh esfreh=Gebet nach Zerstörung des zweiten Tempels in Palästina verfaßt wurde."

„Wann hast Du mir das bewiesen?"

„Bei Deiner Hochzeit," fuhr Mintschew fort, „daselbst ist bestimmt, daß das Gebet um Regen und Thau durch vier Monate, und zwar vom Dezember bis zum Osterfeste, wo man dort schon die Erstlinge vom neuen Getreide opfern mußte, gebetet werden soll."

„Allerdings."

„Siehst Du, Pintschew, auch das war gut für das gelobte Land, wo die Ernte zu Ostern begann und die Saaten im Winter den Regen nöthig hatten; bei uns, wo Alles vom Schnee bedeckt ist, in dieser Zeit, ist es ebenso ein Unsinn, um Regen zu beten, als kein Schweinefleisch zu essen."

Beide standen bereits bis an den Hals im Wasser.

„Mintschew, sprich nicht so schändliche Dinge," jammerte Pintschew, „Gott hat uns schon genug gestraft, ich glaube wir werden Beide ertrinken." Er begann laut um Hülfe zu rufen.

„Ich glaube jetzt selbst, daß wir ertrinken werden," sagte Mintschew, nachdem er vergeblich versucht hatte, sich mit seinen starken Schultern aus dem verrätherischen Morast herauszuarbeiten, „ehe wir aber ertrinken, mußt Du mir doch noch zugeben, daß es ein Unsinn ist, bei uns in Polen im Winter um Regen zu beten, im Sommer aber, wo wir Regen nöthig hätten — nicht."

„Ich gebe nichts zu," gab Pintschew zur Antwort.

„Du mußt doch."

„Nein."

„Du bist ein Esel!"

„Ich wollte ich wäre einer," seufzte Pintschew, „dann würde ich nicht hier im Sumpfe stecken. Ein lebendiger

Esel ist noch immer besser daran, als ein ertrunkener Weiser."

„Für einen Weisen hältst Du Dich," schrie Mintschew, „und kannst die einfachsten Dinge nicht fassen, die jedes Kind begreift."

„Besser kein Weiser," gab Pintschew wüthend zurück, „als ein Poshe Jisrael."

„Schweig!"

„Ich schweige nicht."

Sie ergriffen sich neuerdings bei den Bärten und das zu ihrem Glücke, denn sie erhoben sich dadurch wieder etwas aus dem Morast, sie wären aber trotzdem ertrunken, wenn nicht außer Rachel, die heulend herbeikam, auch noch Bauern, die in der Nähe ihre Pferde weideten, Pintschews Hülferuf vernommen hätten. Pintschew schrie immerfort: Poshe Jisrael! und Mintschew schrie: Du Esel! Du Ochsenkopf! und schrieen noch, während die Bauern sie herauszogen.

Erst auf dem Jahrmarkt zu Kalomea, als Pintschew so und so viel rothbäckige Pfarrerstöchter in hermelinbesetzte Jacken gekleidet und verschiedenen

Frauen kleiner Beamten, wie der Frau Bezirksingenieurin, der Frau Bezirksrichterin und der Frau Steuerinspektorin seine abendrothen Roben aufdisputirt hatte, versöhnten sie sich bei einer Flasche Wein, von der sie die kleinere Hälfte leerten und die größere Frau Rachel sorgfältig in Papier eingepackt mitnahm.

Jahre vergingen; Mintschew bekam von Esterka vier schöne Kinder und auch Pintschew bekam endlich einen Sohn, der nur um etwas weniger verschoben war als seine Mutter. Rachel starb und bald nach ihr der Knabe, später verlor auch Mintschew seine Frau und seine Kinder bis auf einen Sohn, der heranwuchs, ohne daß sich irgend Jemand um ihn kümmerte und eines Tages zu Fuß nach Wien ging und nichts mehr von sich hören ließ.

Pintschew und Mintschew bemerkten dies Alles nicht. Ebenso wenig merkten sie, daß sie mehr und mehr ver=armten. Sie hatten ihren Talmud, was brauchten sie mehr und je älter sie wurden, um so erbitterter wurden ihre Disputationen.

Sie waren Beide stark gealtert, Mintschew sowohl

als Pintschew. Der Letztere hatte lange schon der Wonne entsagt, ächten Sammet durch sein Finger gleiten zu lassen und seine Nadel durch glänzende Streifen von Zobelpelz oder Hermelin zu stoßen. Er war nur noch ein armer Flickschneider und wenn er auch hie und da das Vergnügen hatte, etwas Neues machen zu dürfen, so wurde ihm dieses Vergnügen dadurch geschmälert, daß die Damen, welche seine Meisterwerke trugen, mit den Besen hantierten, Kühe melkten oder mit einem starken Zwiebelgeruch parfümirt waren.

Mintschew dagegen hatte noch wenigstens ein Pferd. Es war ein elendes, kleines, mageres Thier, das, sobald man es nur eine Weile ruhig stehen ließ, den Kopf sinken ließ und einzuschlafen drohte, aber es war immerhin ein Pferd.

So geschah es, daß Mintschew für einen jüdischen Hausherrn im Städtchen Kukuruz führte und vor der verfallenen Hütte, in der sich jetzt Pintschews Wohnung und Modensalon zwischen einem Branntweinladen und einem Trödlergeschäft befand, anhielt, in der freundschaftlichen Absicht eine wichtige rituelle Frage mit dem

Flickschneider zu erörtern, aber dieser schenkte ihm kein Gehör. Er saß auf einem niederen Tisch und betrachtete mit philosophischer Miene ein Loch in einer groben Tuchjacke, die einer Soldatenfrau gehörte. Seine Gestalt war vollkommen verfallen, Arme und Beine schienen länger geworden zu sein, das Haar war ergraut und die hellblauen Augen zwinkerten nicht mehr, sondern waren immer zur Hälfte geschlossen, ganz so als ob die Augenlider zu schwer seien, um sie noch höher zu erheben.

Auch auf Mintschews Haupt schimmerte es silbern, nur sein langer Bart war noch vollkommen schwarz und die schwarzen Augen blickten noch immer mit schwärmerischer Lebhaftigkeit aus dem lederbraunen verwitterten Gesicht.

„Pintschew," begann er von Neuem, „ich bin es. Ich will mit Dir reden."

„Ich aber habe keine Lust, Dich anzuhören," gab endlich der Schneider zur Antwort, „ich habe heute noch nichts Warmes gegessen, ich muß diese Jacke flicken und dann noch ein Kleid enden für die Kreiskommissairin."

„Was sprichst Du da," erwiederte Mintschew, „Du arbeitest schon lange nicht mehr für die Kreiskommissairin."

„Wie Du glaubst, aber ich habe keine Lust mit Dir zu reden."

„Weil Du kein Geld hast?"

Pintschew zuckte nur die Achseln und begann eifrig das Loch in der Jacke zu stopfen.

„Was bist Du für ein Mensch, Pintschewchen," fuhr Mintschew fort, „da braucht er Geld, leidet etwa gar Noth und sagt einem kein Wort." Er zog seine lederne Börse tief aus dem Hosensack und legte fünf Gulden auf den Tisch, auf dem Pintschew saß. Dieser nahm sie, steckte sie in die Westentasche, sagte kein Wort des Dankes, sprang aber eilig vom Tische herab, warf die Jacke in den ersten besten Winkel und rief: „Nun, was hast Du wieder? brauchst Du mich? soll ich Dich belehren, Du Am=Harez, Du widerspänstiger Esel, was?"

„Mach' Dich nur nicht groß, Pintschew," gab Mintschew gelassen zur Antwort, „wir sind alle Esel, sagt doch der Talmud: Wenn die Vorfahren wie Engel waren, so sind die Nachkommen wie Menschen, waren aber die Vorfahren Menschen, so sind wir Esel."

Nun war der Streit eingeleitet und erst die einbrechende Nacht trennte die Beiden.

In dieser Weise ging es noch ein paar Jahre fort, Pintschew nannte Mintschew bei jeder Gelegenheit einen Treffnik, einen Poshe Jisrael und wurde von diesem dafür mit nicht minder drastischen Bezeichnungen aus dem Thierreich regalirt, dabei theilten die Beiden aber jederzeit redlich, was sie hatten. Einmal half Pintschew dem Mintschew, dann wieder dieser ihm, und wieder der Erstere dem Letzteren. Das verstand sich von selbst, darüber wurde nicht weiter gesprochen. Nie hörte Mintschew ein Wort des Dankes aus Pintschews Munde und bot Pintschew dem Mintschew Geld an, so warf ihn dieser gewiß zweimal zur Thüre hinaus, ehe er es annahm.

Sie sind einmal Feinde und bleiben es, hieß es in der Judengasse des Städtchens und draußen in den Schenken, mit denen das flache Land besäet war.

Es ging noch ein paar Jahre, aber endlich kamen

sie doch ganz herunter, Mintschew so gut wie Pintschew. Der Erstere besaß nicht einmal eine Peitsche mehr, sondern nur den Stiel einer solchen und der Letztere war nicht mehr im Stande, einen guten Stich zu machen. Nicht einmal die Bauernweiber wollten mehr seine Meisterwerke tragen.

So recht schlecht ging es den Beiden nur kurze Zeit, so lange sie noch stolz waren und ihre Armuth zu verbergen suchten. In dem Augenblicke, wo sie dieselbe eingestanden, war es auch schon vorüber mit ihrem Elend. Ein Jude kann niemals Hungers sterben und er wird auch nie in die Lage kommen zu betteln.

Als während der Debatte über die Judenbill im englischen Oberhause einer der Pairs an den Primas der englischen Hochkirche, den Erzbischof von Canterbury, die Frage richtete, ob es wahr sei, daß die Juden eine andere Moral hätten als die Christen, erwiederte dieser: Die Juden haben dieselbe Moral wie wir, nur daß sie dieselbe befolgen und wir nicht.

Von den polnischen Juden gilt dieser Ausspruch wenigstens im vollsten Umfange.

Bei ihnen ist das oberste Moralprinzip, das Gesetz der Nächstenliebe, lebendig wie bei keinem anderen Volke und in keiner anderen Kirche. So fanden denn auch Pintschew und Mintschew Hülfe im reichsten Maße und nicht Hülfe von oben herab mit Verachtung gepaart und mit Eitelkeit verbrämt, sondern echte, bescheidene, liebreiche Hülfe, die nicht viel Worte macht.

Besonders lud man sie gern in vornehmen jüdischen Häusern zum Speisen ein, und zwar immer Beide zusammen, denn sie konnten nicht einander gegenüber am Tische sitzen, ohne sofort einen Streit über irgend eine Talmudfrage zu beginnen und die jüdischen Aristokraten schätzen den Geist und das Wissen höher als alles andere und hören lieber über den Talmud disputiren als etwa eine halbangekleidete Sängerin eine Arie trillern oder einen unverschämten Komiker ein blödsinniges Couplet vortragen.

In dieser Weise ging es wieder viele Jahre fort, bis endlich Pintschew und Mintschew uralt geworden waren bei ihrem täglichen Zorn und Streit, bis ihre Füße sie nicht mehr in die vornehmen Häuser tragen wollten, in denen sie jederzeit liebe, gern gesehene Gäste waren. Und dies wäre noch zu ertragen gewesen, aber die Füße versagten auch schon den Dienst, wenn der gebückte Mintschew mit seinem weißen Haar und Bart nur über die Straße hinüber wollte zu Pintschew oder umgekehrt. Es kamen Tage, wo sie sich nur von Fenster zu Fenster sahen und zuwinkten, aber nicht mehr zusammen disputiren konnten, und das war nicht zu ertragen.

Sie entschlossen sich also in das Armenhaus zu gehen, wo sie zusammen ein hübsches, reinliches Stübchen hatten mit guten Betten und bequemen Lehnstühlen und eine prächtige Kost, und da saßen sie denn den ganzen Tag bei dem Fenster, auf dem ein paar kleine Töpfe standen und durch das die Sonne so hell hereinschien, und disputirten zur Freude und zur Erleuchtung aller anderen armen Kranken und Alten, die mit ihnen in dem Hause wohnten, wie früher zur Freude der Vornehmen.

Und so ging es wieder viele Jahre fort.

Es war fünf Tage nachdem Mintschew seinen

neunzigsten Geburtstag gefeiert hatte, als er sich gegen Abend plötzlich schwach fühlte, recht schwach und zu Bette ging. Pintschew saß bei ihm und da sie so beisammen waren, was sollten sie etwa thun als streiten.

Die Stube füllte sich mit Neugierigen, die, zum Theil an die Wand gelehnt, umherstanden, theils auf der Erde saßen, und sich alle stille verhielten, ja beinahe ehrfurchtsvoll.

Und Pintschew und Mintschew stritten also.

Der Erstere behauptete, es sei erlaubt, die Gojim zu betrügen, was Mintschew mit seiner eigenthümlichen energischen Ruhe bestritt.

„Es ist nicht erlaubt," sagte er immer wieder, „der Talmud erlaubt nicht, einen Heiden auch nur mit Worten zu hintergehen, er erlaubt nicht einmal aus Höflichkeit zu ihm zu sagen: Ich freue mich, dich wohl zu sehen, wenn der Jude im Herzen anders fühlt."

„Aber es geschieht doch, daß die Juden, Heiden, Mohamedaner oder Christen hintergehen," wendete Pintschew ein.

„Es geschieht," sprach Mintschew, „aber wenn es

geschieht, so handelt der Jude nicht der talmudischen Moral gemäß, diese weiß nichts von diesen Schuftereien, schlechte Menschen giebt es überall, zu jeder Zeit und an jedem Orte, also auch bei den Juden."

„Willst Du auch Rabbiner und heilige Männer zu den schlechten Menschen zählen?" rief Pintschew, „ich werde Dir erzählen eine Geschichte, hör' nur zu, ich werde sie Dir erzählen."

„Erzähle nur." Mintschew schloß die Augen.

„Rabbi Jochanan hatte Zahnschmerzen," begann Pintschew, „und fragte eine alte Frau, die ein Mittel dagegen wußte, um Rath. Diese verlangte von ihm einen Schwur, daß er das Mittel Niemandem mittheile. Rabbi Jochanan schwur mit diesen Worten: Ich schwöre zu dem Gotte Israels, es nicht zu entdecken. Die alte Frau gab ihm das Mittel, es half, und er sagte es Andern, die an Zahnschmerzen litten."

„Er brach also seinen Schwur," sagte einer der Zuhörer.

„Nein, er brach ihn nicht," entgegnete Pintschew, „als ihm die alte Frau Vorwürfe machte, gab er ihr zur Antwort: Ich habe gesagt, ich schwöre, zu dem Gotte Israels es nicht zu entdecken. Was willst Du also? Habe ich doch nicht geschworen, es den Leuten nicht zu entdecken.*)"

Mintschew öffnete die Augen, seine schönen, großen, dunklen Augen, die plötzlich einen überirdischen Glanz hatten und unschuldig lächelten, wie die Augen eines Kindes. „Pintschewchen," sprach er, mit schwacher Stimme zwar, aber jedes Wort mit langsamer Deutlichkeit hervorhebend, „dieser Rabbi Jochanan wird aber im Talmud durchaus nicht als Muster zur Nachahmung aufgestellt, ebensowenig als Jakob, der seinen Vater hintergeht oder David in seinem Verhalten gegen den Urias."

„Er tadelt die frommen, gottgefälligen Männer," rief Pintschew, „was für ein Mensch!"

„Ich tadle die frommen gottgefälligen Männer um so mehr, wenn sie schlecht handeln," erwiederte Mintschew; seine Stimme klang leise, geisterhaft, „denn die jüdische Moral, meine Freunde, ist so rein und durch=

---

*) Er bediente sich also der Reservatio mentalis.

sichtig wie ein Krystall, kein Mensch kann sagen, daß seine Augen sie nicht sehen, am wenigsten kann dies aber ein frommer Mann behaupten, der Gott gefällig sein will. Du sollst keinen fremden Gott haben, heißt es im Psalm 8, 10, der Talmud legt dies so aus. Welcher fremde Gott kann in dem menschlichen Herzen wohnen, als böse — Begierden; und das Gebot: Du sollst nicht gelüsten nach dem, was Deinem Nächsten gehört, erklärt der Talmud so, daß man sich sogar des Wunsches, es zu besitzen, enthalten soll."

„Wahr, sehr wahr," stimmte Pintschew bei, „aber nicht einmal die weisesten heiligsten Männer sind ganz tadellos. Im Talmud Traktat Baba Bathra steht geschrieben: Rabbi Banai bezeichnete die Gräber. Als er an das Grab des Patriarchen Abraham kam, traf er dessen Knecht Elieser vor der Thüre. Diesen fragte er, was Abraham jetzt eben mache und erhielt zur Antwort, er liege der Sarah im Schooße und sie säubere ihm den Kopf. Banai dachte darüber nach und sprach: Selbst Abraham, der vollkommenste unter den Patriarchen, unterlag menschlichen Schwächen."

Mintschew machte ein Zeichen mit der Hand.

„Wenn also Abraham Fehler hatte, wie sollten wir tadellos sein," schloß Pintschew, „was kannst Du darauf erwiedern? nichts kannst Du darauf erwiedern." Er schwieg kurze Zeit und als Mintschew wirklich keine Antwort gab, rief er jubelnd: „Seht Ihr, er kann nichts erwiedern."

„Weil er todt ist," sagte einer der Anwesenden.

„Todt?" Pintschew sah den Sprecher mit einem mitleidigen Blick an, „wie soll er todt sein? Mintschew" — er erhob sich und neigte sich über ihn — „Mintschew — schläfst Du — so rede doch —"

Man hörte lange kein Wort, keinen Athemzug.

„Mintschew," rief Pintschew mit kläglicher Stimme und immer verzweifelter, „Mintschew, Mintschewleben, ich glaube, er ist wirklich todt. Mintschewchen!"

Er begann laut zu weinen.

Die Anderen wollten ihn fortführen. „Er stört die Ruhe des Todten," sagten sie; aber Pintschew wehrte sich und blieb, ja er begann sogar das Todtengebet zu prechen: „Gott hat gegeben, Gott hat genommen, der Name Gottes sei gelobt! —"

Weiter kam er nicht. Thränen erstickten seine Stimme.

Die Anderen sprachen das Gebet zu Ende und verließen dann die Stube. Pintschew saß im Lehnstuhl an dem Bette, auf dem Mintschew lag und sah ihn immerfort an, die Hände im Schooße gefaltet. Nur einmal sagte er leise, ganz leise: „Mintschew, bist Du todt, bist Du wirklich todt?"

Dann sagte er nichts mehr, er weinte auch nicht.

Als die Anderen zurückkamen, um den Todten auf den Fußboden zu legen, wie es Sitte ist, fanden sie Pintschew entseelt im Lehnstuhl sitzen. Er hatte den Kopf zurückgelehnt, wie ein Schlafender, das Gesicht nach Osten gekehrt, und ein Lächeln um die Lippen.